Weihnachten am Niederrhein

W0180955

Weihnachtsgrüße aus Deutschland

Frohe Wainachte on en guij nai Jóer! – Niederrhein

Froet Fest und nen gudn Rutsch in dat neue Jah! – Ruhrgebiet

Scheene Weihnachde unn en gude Rudsch! – Hessen

Schee Weihnachde unne guude Rudsch! – Hessen

Schene Weihnachta ond a guads Neis! – Schwaben

Scheena Weihnochdn und aa gsunds neis Johr! – Franken

Schenne Weihnachdn un n gudn Rudsch! – Sachsen, Erzgebirge

A schienes Christkindlafest winsch ich eich ond a
gudes neies Joahr! – Riesengebirge

Frohe Wiehnacht und n godes nieges Johr! – Raum Lübeck

Frohe Weihnachtn und a guads neis Joar! – Bayern

Schöine Feierdoch und a gouds neis Jaoua! – Oberpfalz

Frohe Weihnacht und an jesundes Neues! – Sachsen-Anhalt

Frohe Wiehnachn und een goet neiet Joahr! –
Rotenburg an der Wümme, Niedersachsen

Scheane Weihnachtsdääg und a guads neis Joohr! –
Rieser Schwäbisch

Schöne Fieerdaach und ne joote Rutsch! – Köln

Frohi Wihnaachte unn ä guäds Neis! – Baden

Schäne Faiadäg unn inn guude Rudsch! – Mannheim

Ünne Fäierdö on rödsch guad nüü! – Bayerische Rhön

Helmi und Manfred Schmidt

Weihnachten am Niederrhein

SUTTON

Sutton Verlag GmbH
Hochheimer Straße 59
99094 Erfurt
www.suttonverlag.de

Copyright © Sutton Verlag, 2014
ISBN: 978-3-95400-381-5
Druck: CPI books GmbH, Leck

Inhaltsverzeichnis

Weihnachtsgrüße aus Europa

Happy Christmas! – England

Gezuar Krishlindjet! – Albanien

Joyeux Noël! – Frankreich

Feliz Navidad! – Spanien

Feliz Natal! – Portugal

Buon Natale! – Italien

Prettige Kerstdagen! – Holland

Wesołych Świat Bożego Narodzenia! – Polen

Vasel Koleda! – Bulgarien

Crăciun fericit! – Rumänien

Pozdrevlyayu s prazdnikom Rozhdestva! – Russland

God Jul! – Schweden

God Jul! – Norwegen

Sretan Božicj! – Bosnien

Sretan Božić! – Kroatien

Glædelig Jul! – Dänemark

Hyvää Joulua! – Finnland

Srećan Božić! – Serbien

Gleðileg Jól! – Island

Linksmu Kaledu! – Litauen

Prieci'gus Ziemsve'tkus! – Lettland

Roomsaid Joulupuehi! – Estland

Bon Nadal! – Katalonien

Streken Bozhik! – Mazedonien

God Jul! – Norwegen

Mutlu Noeller! – Türkei

Kellemes Karácsonyi unnepeket! – Ungarn

Prejeme Vam Vesele Vanoce! – Tschechien

Vesele Vianoce! – Slowakien

Vesele bozicne praznike! – Slowenien

Veseloho Vam Rizdva! – Ukraine

Vorwort

Der Titel des Buches „Weihnachten am Niederrhein" wirft die Frage auf: Wer feiert denn da und vor allem wo? Es gibt nämlich, ausgenommen im Norden und Westen zur niederländischen Staatsgrenze hin, keine fest umrissene geografische Begrenzung des Niederrheingebietes. Was ist also der Niederrhein? Ansichtssache? Ein bisschen schon.

Da die Region weder historisch, politisch, geologisch noch kulturell eine permanente Einheit bildet, geht sie je nach Interpretation über manche Kreis- und Stadtgrenzen hinaus. So fühlt sich beispielsweise der eine Duisburger noch als Niederrheiner, etwa im westlichen Bereich, der andere ist eher dem Ruhrgebiet zugeneigt. Bei dieser nicht genau definierten Grenze kommt es also ebenso darauf an, welche Gebiete des Niederrheins die Bevölkerung als Niederrhein empfindet.

Dazu passt sehr gut die Aussage des Mönchengladbachers Christof Siemes in der Wochenzeitung „Die Zeit": „Das Wesen des Niederrheinischen ist die Kunst der reinen Vermutung, seine sprachliche Form ein hemmungslos assoziierendes Schwadronieren. Der Satzbau ist wie die Gegend: weit und ungegliedert." Die „Kunst der reinen Vermutung" spiegelt sich in der von Niederrheinern gerne und häufig verwendeten Formulierung „Da geh' ich ma' von aus" prächtig wider.

Gut, wenn wir also schon nicht genau wissen, wo der Niederrheiner Weihnachten feiert, ist dann wohl die Frage, wie der Niederrheiner Weihnachten feiert, leichter zu beantworten?

Auch nicht ganz. Das liegt hauptsächlich daran, dass im niederrheinischen Schrifttum relativ wenig über das Fest berichtet wird. Der Grund dafür ist vielleicht, dass Weihnachten am Niederrhein bis zum Ersten Weltkrieg, teilweise noch länger, in erster Linie als rein religiöses Kirchenfest gefeiert wurde. Und über eine schlichte religiös-kirchliche Christfeier wurde einfach weniger mitgeteilt als über das bürgerliche Bescherungsfest. Über Letzteres sind Weihnachtsgeschichten aus unterschiedlichen Zeiten erhalten geblieben, die das Leben der Menschen am Niederrhein in der Weihnachtszeit widerspiegeln. Das Buch begleitet den Leser auf einer Wanderung durch den Niederrhein in der Zeit der Besinnlichkeit.

Wir wünschen Ihnen viel Freude beim Lesen, Blättern, Stöbern und Nachkochen.

Helmi und Manfred Schmidt

WINTERLICHE BAUERNREGELN

- Fange se aan te länger, fange se aan te schtränge. (Wenn die Tage länger werden, wird die Kälte strenger)

- Enne weeke Wenter geft enne fette Kerkhoff (Friedhof).

- Friert's am kürzesten Tag, ist's immer eine Plag.

- Besser die Kälte knistert, als wenn der Wind flüstert.

- Winter weich, Kirchhof reich.

- Wenn die Ameisen in der Erde verschwinden, wird es Winter.

- Tummeln abends sich die Meisen am Futterhaus, bleibt baldiger Neuschnee ganz sicher nicht aus.

- Die Erde muss ihr Betttuch haben, soll sie der Winterschlaf laben.

Die Adventszeit

Das Wort Advent ist abgeleitet vom lateinischen adventus und bedeutet soviel wie „Ankunft", eigentlich Adventus Domini (lat. für Ankunft des Herrn). Die Anfänge der Adventszeit gehen bis in das 5. Jahrhundert in das Gebiet um Ravenna in Italien zurück. Sie beschreibt die Zeit des Wartens auf die Ankunft Jesu Christi. Gemeint sind die vier Wochen vor Weihnachten. Der 1. Adventssonntag, mit dem auch das neue Kirchenjahr beginnt, ist der viertletzte Sonntag vor dem 25. Dezember. Die Adventszeit endet am Weihnachtstag. Sie war immer eine Zeit der Buße und des Fastens als Vorbereitung auf das Christfest. In dieser Zeit durfte früher weder geheiratet noch getanzt werden. Die liturgische Farbe der Adventszeit ist violett.

Die vier Adventssonntage haben jeweils ihre Bedeutung. Damit sollten sich die Christen auseinandersetzen, ihr Leben prüfen und sich auf das Weihnachtsfest vorbereiten. Der erste Sonntag im Advent thematisiert das Kommen des Herrn. In der protestantischen Kirche erinnert er an den Einzug Jesu in Jerusalem. Der zweite Sonntag im Advent behandelt die Hoffnung der Christenheit, die Rückkehr des Gottessohn bzw. die Vergebung der Sünden. Der dritte Sonntag im Advent erinnert an Johannes den Täufer als Vorläufer Christi. Der vierte Sonntag im Advent ist der Mutter Jesu, Maria, gewidmet. In den protestantischen Kirchen thematisiert er allgemeiner die nahende Freude der Geburt Christi.

Eine Vielzahl von Bräuchen macht aus diesen Wochen eine festliche Zeit. Zwei Adventstraditionen sind der Adventskranz und der Adventskalender.

Ein typischer Adventskranz.

BAUERNREGEL ZUM ADVENT

- Herrscht im Advent recht strenge Kält, sie volle 18 Wochen anhält.

Möhreneintopf mit Bratwurst
(Muuuhre Jubbel)
Ein typisch niederrheinisches Winterrezept

Zutaten

1 kg	Möhren
1 kg	Kartoffeln
125 g	geräucherter Speck
4	Bratwürstchen
	Butter
	Brühe
	Zucker
	Salz

Zubereitung

Die Möhren und Kartoffeln schälen und würfeln. Dann die Kartoffeln in Salzwasser kochen. In einem zweiten Topf die Möhren in etwas Butter kurz Farbe nehmen lassen, danach mit einem Teelöffel Zucker und ein wenig Salz würzen, mit etwas Brühe ablöschen und köcheln lassen.

Den Speck in Würfel schneiden, danach ohne Fett in einer Pfanne kross ausbraten. Die Möhren mit der Kochflüssigkeit stampfen, die Kartoffeln unterheben und ebenfalls stampfen. Abschließend den ausgelassenen Speck und das Bratfett unterheben.

Dazu die gebratenen Würstchen servieren. Als vegetarische Variante die Würstchen weglassen und statt derer ein Spiegelei dazugeben.

DER ADVENTSKALENDER

Im 19. Jahrhundert gab es im protestantischen Umfeld verschiedene Bräuche des Abzählens der Tage bis zum Weihnachtsfest. Hieraus entwickelten sich seit Beginn des 20. Jahrhunderts, insbesondere für Kinder, Adventskalender ganz unterschiedlicher Ausprägung. Der erste gedruckte Adventskalender erschien in Form einer Weihnachtsuhr 1902 in Hamburg. Um 1920 wurden die ersten Adventskalender mit Türchen zum Öffnen hergestellt. Hinter jedem Fensterchen war auf einer zweiten, angeklebten Papier- oder Pappschicht ein Bild zu sehen. 1959 gab es die ersten mit Schokolade gefüllten Adventskalender, die heute in den meisten Familien nicht mehr wegzudenken und fester Bestandteil der Adventszeit sind.

Ein Adventskalender aus den 1930er-Jahren. ▸

Lied im Advent
MATTHIAS CLAUDIUS

Immer ein Lichtlein mehr
im Kranz, den wir gewunden,
dass er leuchte uns so sehr
durch die dunklen Stunden.
Zwei und drei und dann vier!
Rund um den Kranz welch ein Schimmer,
und so leuchten auch wir,
und so leuchtet das Zimmer.
Und so leuchtet die Welt
langsam der Weihnacht entgegen.
Und der in Händen sie hält,
weiß um den Segen!

Französischer Apfelpunsch

Zutaten

1 l	schwarzer starker Tee
100 g	brauner Zucker (Kandis)
500 g	Äpfel
1/2	frische Ananas
1/2	Limette
1 Stange	Zimt
2	Gewürznelken
3	Korianderkörner
3	Pimentkörner
250 ml	Calvados

Zubereitung

Den Tee in einen Topf gießen und den Kandis hinzufügen. Früchte schälen und in dünne Scheiben schneiden, zum Tee geben.

Die Gewürze hinzugeben und alles aufkochen. Bei schwacher Hitze etwa 10 Minuten ziehen lassen. Jetzt den Calvados hineingießen, alles durch ein Sieb geben und heiß servieren.

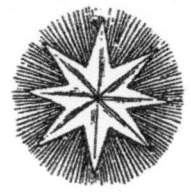

Verse zum Advent
THEODOR FONTANE

*Noch ist Herbst nicht ganz entfloh'n,
aber als Knecht Ruprecht schon
kommt der Winter hergeschritten,
und alsbald aus Schnees Mitten
klingt des Schlittenglöckleins Ton.
Und was jüngst noch fern und nah,
bunt auf uns hernieder sah,
weiß sind Türme, Dächer, Zweige,
und das Jahr geht auf die Neige,
und das schönste Fest ist da.
Tag du der Geburt des Herrn,
heute bist du uns noch fern,
aber Tannen, Engel, Fahnen
lassen uns den Tag schon ahnen,
und wir sehen schon den Stern.*

Moppen

Zutaten

150 g	Zucker
2	Eier
1 Prise	Salz
200 g	Honig
60 g	Butter
400 g	Mehl
1/2 Päckchen	Backpulver
125 g	gehackte Mandeln
1/2	Vanilleschote
1 TL	gemahlene Nelken
1 TL	Zimtpulver
	Öl zum Einfetten

Zubereitung

Den Zucker, das Salz, den Honig und die Butter in einem Topf verrühren und erhitzen. Danach abkühlen lassen. Anschließend das Mehl mit dem Backpulver mischen und in eine Schüssel sieben. Das Vanillemark, die Mandeln, Nelken- und Zimtpulver unterheben. In die Mitte der Mehlmischung eine Mulde formen und die Zucker-Honig-Butter-Masse sowie die Eier hineingeben. Alles zu einem glatten Teig verkneten. Der muss abgedeckt über Nacht an einem kühlen Ort ruhen. Den Backofen auf 180°C (Umluft 160°C) vorheizen. Ein Backblech einfetten oder mit Backpapier auslegen, etwa pflaumengroße Stücke vom Teig abtrennen und zu Kugeln formen. Etwa 15 Minuten backen. Anschließend abkühlen lassen. Tipp: Die Moppen sollten in einer Blechdose gelagert werden, bis sie weich sind.

Die niederländischen Nachbarn garnieren die Moppen mit einer Haselnuss oder einer Mandel.

ADVENTS- UND WEIHNACHTSMÄRKTE
AM NIEDERRHEIN

Viele Städte und Gemeinden organisieren in der Adventszeit Weihnachtsmärkte. Je nach ihrer geografischen Lage heißt solch eine Veranstaltung auch Christkindlesmarkt, Christkindlemarkt, Christkindlmarkt oder Advent(s)markt. Weihnachtsmärkte haben ihren Ursprung in spätmittelalterlichen Verkaufsmessen und -Märkten. Hier wurden den Bürgern zu Beginn der kalten Jahreszeit Fleisch und winterliche Ware angeboten. Schon im 14. Jahrhundert hatten Handwerker wie Spielzeugmacher, Korbflechter oder Zuckerbäcker Verkaufsstände auf dem Markt für die Kleinigkeiten, die die Kinder zu Weihnachten geschenkt bekamen. Auch Stände mit gerösteten Kastanien, Nüssen und Mandeln sind kein Werk der Neuzeit, die gab es damals schon. Seit der ersten Hälfte des 20. Jahrhunderts wurden die Märkte zu einem festen Element des vorweihnachtlichen Brauchtums.

Heute gibt es beinahe in jeder Stadt und in jedem Dorf einen Weihnachtsmarkt. Das ist am Niederrhein genauso. Nicht wenige Zeitgenossen betrachten Weihnachtsmärkte als überflüssige Konsumfallen. Für die meisten jedoch gehören sie mittlerweile genauso zur Vorweihnachtszeit wie der Weihnachtsbaum und die Geschenke am Heiligen Abend. So verbreiten jedes Jahr in der Adventszeit festlich geschmückte Hütten weihnachtliche Stimmung in den Orten am Niederrhein.

Je nach Angebot unterscheidet sich die Art der Weihnachtsmärkte. Neben den traditionellen Märkten mit ihren festlich dekorierten Holzhütten laden historische Weihnachtsmärkte vor mittelalterlicher Szenerie, karitative Weihnachtsmärkte und Kunsthandwerker-Weihnachtsmärkte zum Verweilen ein. Bekannterweise hat man mit der Wahl auch die Qual. Also, groß oder lieber gemütlich? Traditionell, romantisch oder alternativ?

Gut besuchte Weihnachtsmärkte am Niederrhein liegen oft in den Großstädten Duisburg, Krefeld, Mönchengladbach oder Moers. Trotz des Trubels in den Budengassen oder gerade deswegen sind sie alle einen Besuch wert. Wer nicht den großen Rummel sucht, ist bei den kleineren Märkten gut aufgehoben. Auch wenn diese zum Teil nur ein Wochenende ihre Stände aufbauen, werden sie wegen ihrer meist geschlossenen Bebauung als gemütlicher empfunden. Einige besonders schöne Vertreter ihrer Art sind nachfolgend aufgeführt.

Darstellung eines Weihnachtsmarktes auf einem alten Adventskalender.

Künstler, Designer und Händler präsentieren auf dem Krefelder Weihnachtsmarkt ihr vielfältiges Angebot an der Dionysiuskirche und in der Rheinstraße. Sie bieten in feierlich dekorierten Holzhäuschen Künstlerisches und Kreatives, Nützliches und Leckeres, Besonderes und Schönes an. Es gibt adventliche Dekorationsartikel, Keramikhäuschen, Leuchtsterne, Pralinen sowie handgravierte Silber- und Lederwaren. Mit handgearbeiteten Mützen, Hüten und Accessoires aus Walk, Wolle, Samt und Seide wird die Tradition der Textilherstellung lebendig gehalten. Designerleuchten und Bilder, Musikinstrumente, Drahtschmuck und Bienenwachskerzen fertigen Künstler in ihren Werkstätten, um sie auf dem Weihnachtsmarkt zum Verkauf bereitzustellen. Neben einem ausgewogenen gastronomischen Angebot, das zum Treffen und Verweilen einlädt, gibt es Weine und Liköre für den Hausgebrauch zu kaufen. Die Veranstalter des Krefelder Weihnachtsmarktes unterhalten ihre Gäste mit weihnachtlichen Walkacts und Marchingbands. Kinder lassen sich begeistern von Weihnachtsgeschichten oder dem Puppentheater im Weihnachtshaus.

Impressionen vom Krefelder Weihnachtsmarkt.

Stimmungsvolle Momente und Eindrücke auf einem der schönsten und größten Weihnachtsmärkte der Region. Eine immer größer werdende Zahl von Gästen aus nah und fern besucht inzwischen alljährlich den Duisburger Weihnachtsmarkt. Unzählige Weihnachtstannen, Lichterketten in den Alleebäumen und die weit über 100 geschmückten Stände verwandeln den Innenstadt-Boulevard in eine zauberhafte Weihnachtsmeile. Als nostalgisches Dorf in der schönen, weiträumigen Innenstadt bieten die Händlerinnen und Händler in ihren Hütten vielerlei Waren an. Neben zahlreichen Geschenkideen erfreuen sich typische kulinarische Spezialitäten besonderer Beliebtheit.

Auch die umliegenden Geschäfte in der Duisburger City fügen sich harmonisch in das festliche Bild ein. Wer alle Geschenke ergattert und sich gestärkt hat, kann auf einer Fahrt mit dem Riesenrad dem Treiben aus 38 Metern Höhe zusehen. Wer es gerne aktiver mag, der kann seine Runden auf der „energy on ice"-Eisbahn der Stadtwerke Duisburg drehen. Mehr als fünf Wochen erfreut der Duisburger Weihnachtsmarkt seine Besucherinnen und Besucher, die immer wieder gerne aus Duisburg, der Region und dem benachbarten Ausland kommen.

◄ *Engel auf dem Krefelder Weihnachtsmarkt.*

Der Duisburger Weihnachtsmarkt lockt alljährlich zahlreiche Besucher an.

Alljährlich am Samstag vor dem 1. Advent findet der über die Region hinaus bekannte Weihnachtsmarkt im romantischen Krudenburg an der Lippe statt. Das Besondere an diesem Markt ist der Verkauf direkt aus den Fenstern der Häuser auf der weihnachtlich geschmückten historischen Dorfstraße. Die Bewohner bieten Selbstgebasteltes und die beliebten kulinarischen Spezialitäten aus der Krudenburger Küchen an.

Musikalisch umrahmt wird der Weihnachtsmarkt von einem Posaunenchor und stimmungsvoller Musik eines Drehorgelspielers.

Verkauf aus dem Fenster in Krudenberg.

Der Mönchengladbacher Christkindlmarkt fand 1973 zum ersten Mal statt. Seither treffen sich Jahr für Jahr Frauen und Männer aus allen Teilen der Stadt, um für den Samstag vor dem 1. Advent zu basteln, zu stricken, zu nähen, zu schreinern, zu töpfern und zu kochen. Alles wird dann auf dem Kapuzinerplatz angeboten, um Geld für Menschen mit Behinderung aus Mönchengladbach zu verdienen. Das Angebot der mehr als 500 eifrigen Bürgerinnen und Bürger reicht von Adventskränzen über Weihnachtsdekoration, Bücher, Kinderspielzeug, Grußkarten und Kunstwerke bis hin zu Delikatessen, Gebäck, Marmelade, Likör, Christstollen und vielen anderen Köstlichkeiten. Für vorweihnachtliche Stimmung sorgen verschiedene Musikgruppen.

Das stimmungsvolle Weihnachtsdorf am Alten Markt ist seit vielen Jahren der gemütliche Treffpunkt für Jung und Alt. Ein großes Eingangsportal gibt den Blick frei auf rund 20 Stände mit wechselnden Verkaufsartikeln in weihnachtstypischer Gestaltung. Weit über 100 Weihnachtsbäume schmücken die mit Holzschnitzeln ausgelegten Wege und sorgen für heimelige Atmosphäre. Weihnachtliche Dekorationen und holzgeschnitzte, lebensgroße Figuren runden das Ambiente im Dorf ab. Hütten im Alpenstil mit entsprechenden alpenländischen Angeboten versetzen die Gäste in entspannter Atmosphäre in weihnachtliche Stimmung.

Wechselnde Aktionen und Veranstaltungen wie Eisstockschießen, ein Bayerischer Abend oder Trainingsstunden mit der Eishockeymannschaft runden das Programm ab.

Das Weihnachtsdorf am Alten Markt in Mönchengladbach.

Kunsthandwerker-Weihnachtsmarkt
Schloss Moyland

Etwa 95 Kunsthandwerker aus ganz Europa präsentieren in Moyland ihre teils sehr ausgefallenen Arbeiten aus vielfältigen natürlichen Materialien. Im romantischen Ambiente vor der imposanten Schlosskulisse findet man handverlesenes, qualitätvolles Kunsthandwerk, gefertigt in den unterschiedlichsten Techniken. Das Angebot umfasst Keramik- und Porzellanprodukte, Schmuck, Lederwaren, Hüte, Taschen, Webarbeiten, Filzobjekte, Kleidung, Papierarbeiten, Nützliches aus Holz und geschmiedetem Eisen …

Diese Palette wird durch ausgefallene Geschenkideen aus dem Museumsladen und dem Shop Pure Form am Museumsparkplatz erweitert. Darunter wird eine Vielzahl an Weihnachtsbüchern sowie eine große Auswahl an weihnachtlichen Grußkarten, ausgefallenem Geschenkpapier und Kreativbücher angeboten.

Kunsthandwerk vor imposanter Schlosskulisse.

Weihnachtsmarkt Kleve in den
historischen Parkanlagen

Der Klever Weihnachtsmarkt gehört zu den Aushängeschildern der Stadt. In den historischen Parkanlagen, geschaffen von Prinz Moritz von Nassau-Siegen, direkt gegenüber dem international bekannten Museum Kurhaus Kleve gelegen, hat er in Stadt und Region einen ganz besonderen Stellenwert. Die Besucher sind fasziniert von seiner eindrucksvollen Atmosphäre. Sie schätzen die festlichen Lichtelemente innerhalb der Parkanlagen, die an jeder Gabelung und an jedem Weg neue Überraschungen bieten. Die immer wieder wechselnden Illuminationen lassen den Park anheimelnd und warm erscheinen. Schön geschmückte Buden mit liebevoll präsentierten Angeboten, die verführerischen Gerüche von Glühwein und Gebäck versetzen die Besucher in besinnliche und weihnachtliche Stimmung.

Fernab vom Stress und von der Hektik belebter Einkaufsstraßen kann man sich hier bei einem unterhaltsamen musikalischen Rahmenprogramm auf das bevorstehende Weihnachtsfest einstimmen.

Auf dem Klever Weihnachtsmarkt.

Unter dem Titel „Schöne alte Weihnachtszeit" verwandelt sich der Dorfkern von Schermbeck Mitte Dezember in eine Kulisse des 19. Jahrhunderts. Schnell wird klar, hier handelt es sich nicht um den üblichen klassischen Weihnachtsmarkt. Schermbecker Vereine, Gruppen, Firmen und Einwohner verkleiden sich im Stil des 19. Jahrhunderts und füllen den Ortskern mit Leben. Auf der Mittelstraße begegnen den Besuchern Bettler, Straßenkinder, die von ihrer Gouvernante begleitet werden, ein Bauer mit einem Esel und ein Schäfer. An den Enden der Straße stehen zwei Wachhäuschen. Hier achtet das Wachpersonal darauf, dass kein Gesindel in den Ort gelangt. Musikgruppen lassen altes Liedgut aufleben. Aus den Verkaufsbuden wird nur angeboten, was zum Thema passt. PlayStation oder Smartphone sucht man hier vergebens. Kulinarisches gibt es mit Haus- und Wildschwein am Spieß, Flammkuchen aus dem Lehmofen und Gerichten aus dem Holzofen.

Impressionen aus Schermbeck.

Kurz hinterm Niederrhein – Nikolausmarkt
in Alt-Kaster

Verlässt man den zum Niederrhein gehörenden Rhein-Kreis-Neuss in südlicher Richtung, gelangt man in den Rhein-Erft-Kreis und bald in das Städtchen Bedburg. Als die Bewohner des kleinen mittelalterlichen Stadtteils Alt-Kaster die Idee diskutierten, einen Weihnachtsmarkt zu organisieren, wollte man sich mit einem besonderen Konzept von der Masse der vielen Weihnachtsmärkte abheben. So findet immer am 1. Adventssonntag der Nikolausmarkt nicht auf den Straßen und Plätzen, sondern in den Häusern und Innenhöfen der Anwohner statt. Auch die herkömmlichen Ess- und Trinkstände sucht man vergeblich. Die Einwohner von Alt-Kaster versorgen stattdessen ihre Gäste in ihren eigenen Wohnzimmern oder Innenhöfen mit selbst gekochten oder gebackenen Köstlichkeiten. Auf öffentliche musikalische Darbietungen wird tagsüber bewusst verzichtet, um den ursprünglichen Sinn der Adventszeit – die Besinnlichkeit – besonders zu unterstreichen.

Nikolausmarkt mal anders – in Alt-Kaster.

Im Forum Pax Christi in Kevelar findet der alljährliche Kevelaerer Krippenmarkt statt. In der Adventszeit wirken die lebensgroßen Krippenfiguren und die lebendigen Tiere – Ochse, Esel und Schafe – wie ein Besuchermagnet für Jung und Alt. Tausende von Menschen besuchen die vielen weihnachtlich dekorierten Stände, bewundern die handgeschnitzten Krippen mit Kunststoff- und Ankleide-Figuren und die kunsthandwerklichen Weihnachtsartikel. Aber auch das abwechslungsreiche Rahmenprogramm mit musikalischen Krippenspielen und vielen Aktionen begeistert die Besucher.

Krippenspiel in Kevelaer.

Ein Haus als Adventskalender

An der Pestalozzischule Willich, Standort Kempen-St. Hubert werden 24 Schulfenster als Adventskalender benutzt. Nach einer Idee des Heimatvereins St. Hubert 1964 e.V. haben Schüler die entsprechenden ganzflächigen Fensterbilder gestaltet und jeden Tag im Dezember wird ein weiteres Fenster des „Adventskalenders" beleuchtet.

Ein „Adventskalender" der besonderen Art in Willich.

ADVENTSFENSTER IN MONHEIM

Direkt östlich des Rhein-Kreises-Neuss liegt die Stadt Monheim am Rhein. Ihr Wahrzeichen ist der Schelmenturm, ein Teil der alten Stadtmauer aus dem 15. Jahrhundert. Rund um den Turm werden seit 13 Jahren in der Vorweihnachtszeit die „Monheimer Adventsfenster" in verschiedenen Privathäusern alljährlich von Monheimer Bewohnern liebevoll weihnachtlich dekoriert und beleuchtet.

An jedem Adventsabend treffen sich einheimische Bürger und Gäste vor dem bis dahin zugehängten Fenster des betreffenden Hauses. Die Veranstaltung wird abwechselnd von einem Team von sechs Damen zusammen mit Vertretern kirchlicher Institutionen moderiert. Nach einem Adventslied und der Fensteröffnung werden alle mit einem warmen Getränk von ihren Gastgebern bewirtet und bleiben in Gesprächsrunden oder auch zum gegenseitigen Kennenlernen eine Weile beisammen. Am Heiligen Abend bilden alle beleuchteten Fenster einen großen Adventskalender. Das 24. und letzte „Fenster" ist stets der geschmückte Torbogen des Schelmenturms. Wie so eine „Fensteröffnung" abläuft, beschreibt das Gedicht: „Die Fenster von Monheim".

Die Fenster von Monheim

Advent – Du schöne Vorweihnachtszeit!
Jetzt endlich ist es wieder soweit:
Die ganze Altstadt von Monheim am Rhein
wird ein großer Adventskalender sein.
Für jeden Tag bis zum Weihnachtsfest
ein geschmücktes Fenster sich öffnen lässt.

Vom ersten Advent bis zur Heiligen Nacht
wird nun täglich ein Fenster aufgemacht,
bis schließlich zum Christfest unsere Stadt
vierundzwanzig Kalenderfenster hat.
Ein Treffpunkt für Menschen – groß oder klein –
das sollen die Fenster von Monheim sein.

Und an jedem Abend kann man sehen,
dass viele Leute zum Fenster gehen,
bei Liedern, Geschichten und Kerzenschein
stimmen sie sich auf die Weihnachtszeit ein.
Wird dann endlich das Fenster aufgemacht,
leuchtet es hell im Dunkel der Nacht.

Mit Liebe und viel Geduld dekoriert,
so ein Fenster die Herzen der Menschen rührt.
Sie stehen und staunen und träumen still –
ach, wie gern man wieder ein Kind sein will.
Und jeder, der kommt, wird willkommen sein,
die Fenster von Monheim laden dich ein!

Monheimer Adventsfenster

Alljährlich sind sie der absolute Renner für Jung und Alt: Die Nikolausfahrten mit der Selfkantbahn, der letzten schmalspurigen Dampfkleinbahn in Nordrhein-Westfalen. Bereits seit 1971 gehören sie zum Veranstaltungsprogramm der Region Heinsberg und haben sich in dieser Zeit einen festen Platz im Herzen der Kinder und ihrer Eltern erobert. Man fühlt sich um Jahrzehnte zurückversetzt, wenn die Schaffner in ihren dicken Wintermänteln und mit ihren historischen Karbidlaternen die Fahrkarten kontrollieren, während draußen die Dampfschwaden der Lokomotive an den Fenstern vorbei durch die kalte Winterluft ziehen.

Vom Bahnhof Gillrath aus geht die Fahrt über die 5,5 Kilometer lange Strecke in Richtung Schierwaldenrath. Kurz nach der Abfahrt hält der Dampfzug, um einen besonderen Fahrgast aufzunehmen: den Nikolaus, der in einer prächtigen Kutsche angereist kommt. Er geht während der Weiterfahrt durch den Zug und beschert die mitfahrenden Kinder.

Der Aufenthalt im Bahnhof Schierwaldenrath dauert rund 50 Minuten; dort, wo auch die Lokomotive ihre Vorräte an Wasser und Kohle ergänzen muss, besteht die Möglichkeit, an einer kleinen Nikolausfeier im beheizten und bewirtschafteten Festzelt teilzunehmen.

Der Nikolaus vor der Selfkantbahn.

Ein Sprung über die Grenze oder
Weihnachten unter Tage

Ein Weihnachtsmarktbesuch, bei dem es egal ist, ob es draußen stürmt oder regnet? In einem Stollensystem eines Kalksteinbergwerkes, gleich hinter der Grenze bei Aachen, ist das möglich. Im niederländischen Valkenburg, oder besser gesagt unter Valkenburg, findet in einer Mergelgrotte der größte und älteste unterirdische Weihnachtsmarkt in Europa statt. In einer ungewöhnlichen Umgebung werden Weihnachts- und Geschenkartikel angeboten. Lebende Dekorationen und live gespielte Weihnachtmusik sorgen für eine romantische Stimmung. In der beeindruckenden unterirdischen Weihnachtswelt trifft man auf ein internationales Publikum. Die weitläufigen und gut belüfteten Stollen bieten ausreichend Platz und laden alle Besucher zum langen Verweilen ein.

Bauernregeln für den Dezember

- Zeigt früh im Dezember sich der Seidenschwanz, begleitet harter Frost des Winters Glanz.
- Dezember ohne Schnee tut erst im Märzen weh.
- Dezember kalt mit Schnee, gibt's Korn auf jeder Höh'.
- Dezember kalt mit Schnee, niemand sagt „Oh weh".
- Kalter Dezember und fruchtbares Jahr sind vereinigt wohl immerdar.
- Im Dezember sollen Eisblumen blüh'n, Weihnachten sei nur auf dem Tische grün.
- Fließt im Dezember noch der Birkensaft, dann kriegt der Winter keine Kraft.

Gewürzspekulatius

Spekulatius ist ein aus Belgien und den Niederlanden stammendes, besonders im Rheinland und in Westfalen verbreitetes Gebäck aus Mürbeteig. Niederländisch wird es als Speculaas, französisch als spéculoos bezeichnet. Während der Spekulatius in Deutschland ein typisches Weihnachtsgebäck ist, wird er in den Niederlanden und in Belgien ganzjährig gegessen. Der Name ist abgeleitet vom lateinischen speculum, was so viel bedeutet wie Spiegel, Spiegelbild, weil die halbplastischen Figuren spiegelverkehrt aus der Form genommen werden. Nach anderen Quellen kommt es von speculator, Aufseher, was sich auf den Nikolaus bezieht, der diesen Beinamen getragen haben soll. Windmühlen, Blumenkörbe, Menschen und Tiere sind Motive der heutigen Spekulatien, früher zeigten sie häufig auch biblische Szenen und historische Ereignisse.

Zutaten

250 g	Butter
200 g	Zucker
500 g	Mehl
1 TL	Kardamom
1 TL	Zimt
1 TL	Nelkenpulver
1 TL	Backpulver
1/2 TL	Wasser
60 g	Mandelblättchen
1	Spekulatiusform

Zubereitung

Butter und Zucker schaumig rühren, die restlichen Zutaten, also die Gewürze, das Mehl, das Backpulver und das Wasser löffelweise dazugeben und gut durchkneten.

Den Teig ruhen lassen und für 12 Stunden kalt stellen. Das leicht geölte Spekulatiusbrett dünn mit Mehl bestäuben. Den Teig fest in die Form drücken, und mit einer scharfen Klinge oder einem Draht den überstehenden Teig abziehen.

Die „volle" Spekulatiusform wird dann mit einer Schmalseite auf eine bemehlte Fläche geklopft, bis sich die geformten Spekulatius lösen. Die Unterseiten der Spekulatius können wahlweise mit Eigelb bestrichen und mit Mandelblättchen belegt werden.

Auf einem gefetteten oder mit Backpapier ausgelegten Backblech wird das Gebäck bei 200°C etwa 10–15 Minuten auf der mittleren Schiene goldbraun gebacken.

DIE HEILIGE BARBARA UND DER BRAUCH,
BARBARAZWEIGE ZU SCHNEIDEN

Der 4. Dezember ist der Tag der heiligen Barbara. Die ersten Dezembertage sind so stark vom Nikolausgeschehen vereinnahmt, dass der Barbaratag häufig vernachlässigt wird. Barbara von Nikomedien (dem heutigen türkischen Izmit) war eine christliche Jungfrau, Märtyrin und Heilige des 3. Jahrhunderts, deren Existenz historisch nicht gesichert ist. Ihr Name ist abgeleitet vom griechischen βάρβαρα, was „die Fremde" heißt. Der Erzählung nach wurde Barbara von ihrem eigenen Vater, einem grausamen, heidnischen Kaufmann enthauptet, weil sie sich weigerte, ihren christlichen Glauben und ihre jungfräuliche Hingabe an Gott aufzugeben. Dabei wurde er von einem Blitz getroffen und verbrannte. Seit dem 12. Jahrhundert ist der Gedenktag der heiligen Barbara in der katholischen und griechisch-orthodoxen Kirche der 4. Dezember.

In Bergbauregionen spielt der Barbaratag eine besondere Rolle, denn die heilige Barbara gilt als Schutzpatronin der Bergleute, sodass in diesen Regionen die Kinder beteten: „St. Barbara, in jeder Nacht fahr mit dem Vater in den Schacht!" Sie ist aber auch die Schutzpatronin der Türme, Artilleristen, Büchsenmacher, Bauern, Architekten, Bauarbeiter, Dachdecker, Maurer, Glockengießer, Schmiede, Zimmerer, Totengräber, Köche, Metzger; Fürbitterin gegen Feuersgefahr, Gewitter, Fieber, gegen die Pest und für einen guten Tod.

In den Turm, in den sie ihr barbarischer Vater damals eingesperrt hatte, schmuggelte Barbara, so erzählt die Geschichte, einige kahle Kirschbaumzweige, die dort erblühten und ein wenig Licht in ihr trostloses Leben brachten. Daraus entwickelte sich die heute verbreitete Sitte, am Namenstag der heiligen Barbara einen Kirschzweig (es gehen aber auch anderen Zweige) zu schneiden und ihn in ein geheiztes Zimmer zu stellen. Blüht der Zweig am Weihnachtsfest, so wird das als gutes Zeichen für die Zukunft gewertet.

BAUERNREGELN ZU ST. BARBARA

- Wie sich die Knospen des Barbarazweiges öffnen, so soll sich auch der Mensch dem Licht auftun. (Johann Georg Fischer)

- Geht Barbara im Klee, kommt's Christkind im Schnee.

- St. Barbara mit Schnee, im nächsten Jahr viel Klee.

- Knospen an St. Barbara, sind zum Christfest Blüten da.

- Nach Barbara geht's frosten an, kommt's früher, ist nicht wohlgetan.

- Auf Barbara die Sonne weicht, auf Lucia sie wiederum her schleicht.

O heilige Barbara, du edle Braut,
mein Leib' und Seele sei dir anvertraut,
komm mir zu Hilf' in meiner Not.

Stutenkerl

Als Weck(en)mann, Stutenkerl, Krampus oder Buckmann wird ein Gebildbrot aus Hefeteig bezeichnet. Das Gebäckstück hat die Form eines stilisierten Mannes, da es sich auf den Bischof Nikolaus von Myra und seinen Festtag, den „Nikolaustag" am 6. Dezember, bezieht. Der Stutenkerl ist ein typisches Adventsgebäck. Es gibt im deutschsprachigen Raum noch weitere Namen dafür. Im Ruhrgebiet, im Rheinland und am Niederrhein wird es bereits zu St. Martin gegessen und ist in den Tüten der Kinder beim Martinssingen enthalten.

Zutaten

250 ml	Milch
40 g	Hefe
75 g	Zucker
500 g	Mehl
2	Eigelb
1 Prise	Salz
100 g	Butter
	Korinthen oder Rosinen

Zubereitung

Zuerst die Milch erwärmen, die Hefe hineinbröseln und mit einem TL Zucker glatt rühren. Dann das Mehl in eine Schüssel füllen, den restlichen Zucker, 1 1/2 Eigelb und das Salz hinzugeben. Die Butter zerlassen und zum Mehl in die Schüssel geben. Die Hefemilch unter die Mehlmischung rühren und alles mit einem Knethaken zu einem glatten Hefeteig kneten, bis er sich vom Schüsselrand löst. Macht er das nicht, noch ein wenig Mehl dazugeben. Den Teig dann mit etwas Mehl bestäuben und zugedeckt an einem warmen Ort etwa 20 Minuten gehen lassen.

Danach den Teig noch mal kräftig durchkneten und auf einer mit Mehl bestäubten Arbeitsfläche etwa 1,5 cm dick ausrollen. Nun kommt der künstlerische Teil: Aus dem Hefeteig freihändig oder mithilfe einer selbst gemachten Schablone sechs Stutenkerle ausschneiden und auf zwei mit Backpapier ausgelegte Backbleche legen. Die Weckmänner wieder zudecken und zum zweiten Mal etwa 20 Minuten gehen lassen. Inzwischen den Backofen auf 225°C vorheizen. Das halbe Eigelb mit etwas Wasser oder Milch verrühren und die Weckmänner damit einpinseln. Mit Korinthen oder Rosinen den Weckmännern Augen, Nase und Mund formen. Wer eine Tonpfeife zur Hand hat (gibt es im Handel), diese dem Weckmann in den Mund oder unter seinen Arm stecken. Die Figuren dann im vorgeheizten Backofen bei 200°C etwa 20 Minuten backen lassen.

Niederrheinische Stütchen

Zutaten

500 g	Mehl
30 g	Hefe
¼ l	Milch
50 g	Zucker
1 TL	Salz
60 g	Butter
1–2	Eier
125 g	Rosinen
	Zimt
	Muskat
30 g	Butter zum Bestreichen

Zubereitung

Aus allen Zutaten einen Teig bereiten und fest durchkneten. 30 Minuten an einem warmen Ort zugedeckt
gehen lassen. Kurz durcharbeiten, nochmals gehen lassen,
bis die Menge doppelt so groß ist. Jetzt aus dem Teig kleine
Brötchen formen. Deren Oberseite kreuzweise leicht einschneiden und dick mit flüssiger Butter besteichen. Die
Stütchen auf einem gefetteten Backblech im vorgeheizten
Ofen bei 220°C ca. 15 Minuten auf mittlerer Schiene goldgelb backen.

Nikolaus von Myra wurde wahrscheinlich in der zweiten Hälfte des 3. Jahrhunderts in Patara, in der kleinasiatischen Region Lykien, geboren. Er wirkte als Bischof von Myra, damals ein Teil des Römischen, später des Byzantinischen Reiches, in der heutigen Türkei. Er verstarb am 6. Dezember 345. In der katholischen und orthodoxen Kirche wird er als Heiliger verehrt. Sein Gedenktag, der 6. Dezember, wird in zahlreichen Kirchen begangen.

Über das Leben des historischen Nikolaus gibt es nur wenige belegte Tatsachen. Sein Wirken hat zu vielfältigen Legendenbildungen beigetragen. Er bewahrte beispielsweise die Bevölkerung der Stadt Myra vor einer drohenden Hungersnot und die Kinder vor Elend. Drei verarmten Jungfrauen schenkte er heimlich drei Goldkugeln, um ihnen die Aussteuer zu ermöglichen. Noch viele andere Wunder, von Brotvermehrung, Rettung aus Wassergefahr und aus Feuernot werden dem Heiligen zugeschrieben. Die Legenden basieren allerdings nicht nur auf dem Leben des Bischofs von Myra, sondern auch auf denen eines gleichnamigen Abtes des Klosters Sion bei Myra, der später Bischof in Pinara war und 564 starb.

Durch seine Wohltaten ist der Nikolaus auch Schutzpatron zahlreicher Berufsgruppen, wie beispielsweise der Bauern und Seefahrer aber auch der Kinder. Bis ins 16. Jahrhundert hinein wurden die Kinder am Nikolaustag und nicht an Weihnachten beschenkt. Dann widersetzte sich Martin Luther der Verehrung von Heiligen. Im Austausch machte er den Geburtstag Christi zum Gabentag und den Nikolaus fast arbeitslos. Der darf seitdem nur noch an seinem Todestag die Schuhe mit Geschenken füllen. Quintessenz: Wer auf großem Fuß lebt, hat am nächsten Morgen mehr in seinem Stiefel.

**Ein am Niederrhein verbreiteter Nikolausvers
aus der Zeit der spanischen Besatzung**

*Senter Kloas, hellige Mann,
träckt de selvere Sporen an,
rejt doamet no Spanje,
breng Appele an Kastanje,
breng die kleene Kender watt,
gäff de Grote ene Schubb för't Gatt;
lott die Grote mar loope,
die könne sich Watt koope!*

Der Nikolaus bringt Geschenke.

BAUERNREGELN ZU NIKOLAUS

- Regnet es an Nikolaus, wird der Winter streng, ein Graus.

- Trockener St. Nikolaus, milder Winter rund ums Haus.

- Fließt zu Nikolaus noch Birkensaft, kriegt der Winter keine Kraft.

- St. Nikolaus spült die Ufer aus.

„Herr Winter", Bild von Moritz von Schwind aus dem Jahr 1847. Man vermutet, dass sich der Weihnachtsmann aus dem Bild des „Herrn Winter" entwickelt hat.

DIE SACHE MIT DEM WEIHNACHTSMANN

Wie wurde aus dem heiligen Nikolaus ein netter, alter Opa mit Knollennase und roten Bäckchen, der sich mit seinem dicken Bauch durch Kamine quetscht, um Kinder zu beschenken?

Der Weihnachtsmann kam 1847 zur Welt – auf einer Zeichnung des Malers Moritz von Schwind. Denn der fertigte für den „Münchner Bilderbogen" eine Bilderfolge des „Herrn Winter", der mit Kapuzenmantel, hohen Stiefeln, weißem Bart und Bäumchen auf dem Arm schon fast wie unser Weihnachtsmann aussah. Im Gegensatz zum Nikolaus ist der Weihnachtsmann eine Erfindung der Moderne. Es ist eine Symbolfigur des weihnachtlichen Schenkens. Beide Figuren werden oft miteinander verwechselt und mit den gleichen Äußerlichkeiten, wie einem dicken Bauch, einem langen grauen Bart und rot-weißer Kleidung dargestellt. Die Figur ist eine Verschmelzung aus Nikolaus, kindlichem Großvater und Knecht Ruprecht mit Sack und Rute.

Es wird behauptet, der Weihnachtsmann werde von Coca Cola bezahlt. Aber das ist eine andere Geschichte …

Ursprünglich war Knecht Ruprecht der bärtige und vermummte Begleiter des heiligen Nikolaus. Beide zogen meist mit einer Rute in der Hand, mit der böse Kinder bestraft wurden, und einem Sack voller Geschenke für die braven Kinder, von Tür zu Tür. Ihr gemeinsames Auftreten ist seit dem 16. Jahrhundert belegt. Nicht in allen Regionen Deutschlands trägt dieser finstere Geselle den Namen Knecht Ruprecht. Am Niederrhein hat er gleich mehrere Namen: Zink Muff, Zink Knatsch, Heiliger Mann oder Düvel. In Nikolaus und Knecht Ruprecht vereinigen sich die guten und die bösen Mächte. Knecht Ruprecht war der finstere Geselle. Er erschreckte die „bösen Kinder", als das noch Teil der Erziehung in Schulen und Elternhäusern war. Dank des Nikolauses gibt es am Ende doch noch Geschenke. Heute gehören solch zweifelhafte Methoden der Vergangenheit an. Knecht Ruprecht hat sich in manchen Regionen von seinem „Chef" getrennt und ist jetzt ein selbstständiger Gabenbringer, der die Kinder am Nikolausabend besucht.

Nikolaus, du guter Mann,
hast einen schönen Mantel an.
Die Knöpfe sind so blank geputzt,
dein weißer Bart ist gut gestutzt,
die Stiefel sind so spiegelblank,
die Zipfelmütze fein und lang,
die Augenbrauen sind so dicht,
so lieb und gut ist dein Gesicht.
Du kamst den weiten Weg von fern,
und deine Hände geben gern.
Du weißt, wie alle Kinder sind:
Ich glaub, ich war ein braves Kind.
Sonst wärst du ja nicht hier
und kämest nicht zu mir.
Du musst dich sicher plagen,
den schweren Sack zu tragen.
Drum, lieber Nikolaus,
pack ihn doch einfach aus.

VERFASSER UNBEKANNT

Nikolaus im Walde
VERFASSER UNBEKANNT

Es rauscht der Wind im Winterwalde
durch die kühle graue Flur
und ein Jeder hofft, schon balde
find er St. Niklolauses Spur.

Ach, wann wird er endlich kommen,
dieser heiß ersehnte Gast?
Kinder blicken teils benommen
von Baum zu Baum, von Ast zu Ast.

In den Blicken heißes Sehnen,
Fragen, was wird dann gescheh'n ?
Und mancher tut schon mal erwähnen,
„Ich hab St. Nikolaus geseh'n".

Langsam neigt der Tag sich nieder,
Die Winternacht, sie steigt herauf,
als ein leises Raunen wieder,
stoppt der Kinder frommen Lauf.

Da aus dunstigem Gefilde
steigt wie eine Nebelnacht,
ein stilles schattiges Gebilde,
und die Dämmerung ist erwacht.

Kinderblicke werden helle,
die Gesichter sind verzückt,
als Niklaus an der Tagesschwelle,
tritt in ihren Sehnsuchtsblick.

Du guter alter Nikolaus,
du Freund der Kinder nah und fern,
leer Deinen Sack heut bei uns aus,
wir alle haben dich so gern.

Sankt Niklas
VOLKSGUT

Gott grüß' euch, liebe Kinderlein,
ihr sollt Vater und Mutter gehorsam sein,
so soll euch was Schönes bescheret sein.
Wenn ihr aber Dasselbige nicht tut,
so bring' ich euch den Stecken und die Rut'.

Die Zeit ist noch gar nicht so fern, da war der 6. Dezember am Niederrhein der große Geschenktag, nicht allein für die Kinder. In den letzten Jahren hat nun auch auf dem platten Lande das Weihnachtsfest als Geschenktag den Nikolaustag immer mehr zurückgedrängt. Bei den Kindern aber hat vielerorts der Senter-Klôôs-Dag seine Bedeutung noch nicht verloren. Viele Eltern wollen ihren Kindern die Freude nicht versagen, die sie selbst früher am Nikolaustag hatten. Die Kleinen leben noch ganz in dem Glauben der geheimnisvollen Reise des heiligen Mannes über die Erde, um die guten Kinder zu belohnen und die bösen zu strafen.

Schon wochenlang vorher geht der Nikolaus mit seinem schwarzen und unheimlichen Knecht Ruprecht durchs Land und lauscht an den geschlossenen Fensterläden, um festzustellen, ob die Kinder auch brav sind, ob sie den Eltern gehorchen und ihr Gebetchen andächtig verrichten. Wochenlang wird der heilige Nikolaus von der Mutter als Erziehungsmittel gebraucht. Und ein Hinweis auf Knecht Ruprecht mit seiner unheimlich rasselnden Kette und seinem Rutenbündel bringt auf der Stelle auch den ausgelassensten Buben zur Raison. Wochenlang vorher beherrscht der Glaube an den Nikolaus die Kinder, füllt ihre ganze Fantasie aus und immer wieder betteln sie bei Vater oder Mutter, doch vom heiligen Mann zu erzählen. Es kümmert sie dabei wenig, dass der heilige Nikolaus ein Bischof in Myra war, der sich durch besondere Mildtätigkeit auszeichnete und später heilig gesprochen wurde. Auch ist fast unbekannt, dass der heilige Nikolaus der besondere Schutzpatron der Schiffer war, obschon gerade dieser Tatsache die weite Verbreitung des Nikolauskults am Niederrhein zuzuschreiben ist, wo von jeher die Schifferei eine große Rolle spielte.

Wenn es dann näher auf den Festtag zugeht, sieht man in der Stadt die Kleinen vor den vielverheißenden Bäckerläden stehen, wo sie sich ihr Näschen an der Scheibe fast plattdrücken. Oh, all diese Herrlichkeiten. Große und kleine Spekulatiuskerle, prächtig verziert und mit bunten Bändern auf ein Brettchen gebunden. Und dann stehen da die behäbigen Weckmänner. Augen, Nase und Mund sind aus dicken Korinthen und im Mund halten sie eine große weiße Tonpfeife, so wie sie die Mynheers in Holland rauchen. In Kleve fehlen selbstverständlich nicht die Klever Wappen, die schließlich auch zu den Spezialitäten des Klever Bäckerhandwerks gehören.

Vor dem Schaufenster ist nun immer Leben. In die großen Spekulatiuskerle, die knusperig braunen Weckmänner und die Moppen legt so mancher kleine Blondschopf sein ganzes Sehnen und Hoffen. Ob der heilige Nikolaus ihm wohl auch so einen herrlichen Weckmann bringen wird? „Aber nur, wenn du recht brav bist", wird ihm die Mutter dann allemal antworten. Und was könnte wohl echter und mehr von Herzen kommend sein, als die guten Vorsätze vor dem Nikolausfest.

Inzwischen rückt der Tag immer näher. Die Abende werden immer geheimnisvoller und wenn der Dezemberwind um das Haus pfeift und an den Fensterläden rüttelt, steht allemal der Nikolaus dahinter, um die braven und die bösen Kinder auszusuchen. Eine Rübe wird zurechtgeschnitten zu einem Holzschuh, der Vater muss helfen, die Mutter muss helfen, die ganze Familie steht im Zeichen des Nikolausfestes.

Die Kleinen laufen, um eine Handvoll Hafer aufzutreiben und eine Möhre wird auch dazu gelegt, denn schließlich muss ja des Nikolaus Schimmel auf der weiten Reise über die Erde auch etwas zu fressen haben. Diese Arbeit nimmt sie dann tagelang in Anspruch und dabei singen sie immer wieder:

Senter Klôôs betunje,
gêft min wat in't Schuntje,
gêft min wat in't Hööske;
danke Senter Klööse.

Ein anderes Verschen, das ebenso häufig gesungen wird, trägt eine mehr humoristische Note:

> *Senter Klôôs de guje Man,*
> *trêkt de beste Kleere an,*
> *rejt d'rmet nor bütte,*
> *gôft ons een Beschütje,*
> *gêft die kleine Kinder wat,*
> *die Groote lo mar loope,*
> *die könne sig eiges wat koope.*

Oder auch Folgendes:

> *Senter Klôôs, hellege Man,*
> *trekt sin Steevels en Spooren an,*
> *rejt d'rmet nor Amsterdam,*
> *van Amsterdam nor Spanje,*
> *helt Appele van Oranje,*
> *en Nötte en Kastanie,*
> *Pläskes en Makroone*
> *Senter Klôôs wel komme.*

Die Spannung ist bis zum Äußersten gestiegen. Und dann kommt der ehrwürdige Heilige mit dem großen weißen Bart und dem Bischofshut – hinter ihm Knecht Ruprecht mit einem großen Sack – ganz so, wie man es sich in vielen heimlichen Träumen ausgemalt und vorgestellt hat. Voll Ehrfurcht sinken die Kinder vor dem Nikolaus auf die Knie und zeigen, was sie an Gebetchen gelernt haben.

Das Zuckerplas-Dobbele

In der Weihnachts- und Neujahrszeit gab es am Niederrhein zahlreiche, manchmal merkwürdige Gebräuche und Gewohnheiten, die zum Teil noch heute gepflegt werden. Ein alter Brauch ist das „Zuckerplas-Dobbele", das früher am 8. Dezember, dem Fest Mariä Empfängnis stattfand und deswegen mundartlich auch Letzde Levfrau-Dag (Letzter Liebfrauen-Tag) genannt wird. Der Brauch hat sich bis heute erhalten, wurde allerdings meist auf den Sonntag nach dem 8. Dezember verschoben. Bei dieser alten Männertradition würfeln (dobbele) beliebig viele Spieler mit drei Würfeln um große Zuckerplätzchen. Wer dabei die wenigsten oder die meisten Punkte würfelt, erhält einen Zuckerplas. Dazu wird Korn oder Bier getrunken. Die Frage, was letztendlich die Mutter Gottes mit den süßen Zuckerplätzchen verbindet, ist nicht überliefert.

Die christlichen Symbolfarben für Advent und Weihnachten sind Rot und Grün. Dabei steht Grün für die Hoffnung auf den Fortbestand des Lebens im dunklen Winter und für die Treue. Rot erinnert an das Blut Christi, das er vergossen hat, um die Welt zu erlösen.

Die Farbkombination von Grün und Rot prägt bis heute den Christbaum, die Tischdekoration, die Weihnachtspost und teilweise auch das Verpackungsmaterial für die Geschenke. Neben den christlichen Symbolfarben sind Gold und Silber ebenfalls klassische Weihnachtsfarben. Die Engel werden oft goldfarben dargestellt, die Sterne ebenfalls. Bienenwachskerzen haben auch diese gelbliche Farbe. Die Weihnachtsfolie zum Basteln von Sternen ist meist ebenfalls goldfarben; werden die Sterne aus Stroh hergestellt, sind sie auch gelblich. Dass Silber eine Weihnachtsfarbe geworden ist, hatte wohl mit dem Herstellungsprozess bestimmter Weihnachtsbaumschmuckarten wie beispielsweise Christbaumkugeln zu tun. Auch Lametta ist in seiner Urform silbrig.

Die Weihnachtszeit

DAS WEIHNACHTSFEST

Das Weihnachtsfest oder das Christfest ist die heilige geweihte Nacht, in der Christus geboren wurde, das Fest, das zur Erinnerung an dieses Ereignis begangen wird. Anfangs war Weihnachten in der christlichen Kirche keine Feierlichkeit, erstmals soll sie bei Antiochien, dem heutigen Antakya in der Türkei, im 2. Jahrhundert begangen worden sein. Man feierte Weihnachten zunächst am sechsten Tag des neuen Jahres und nannte diesen Tag Epiphania, die Erscheinung des Herrn. Unter Theodosius wurde die Feier in der griechischen Kirche auf den 25. Dezember verlegt, wie es im abendländischen Christentum längst gebräuchlich war. Vielleicht sollte die Geburt Christi mit dem Fest der Wintersonnenwende zusammenfallen oder das christliche Freudenfest sollte sich an das römisches Fest zu Ehren des Gottes Saturn, der Saturnalien, anschließen.

Die Feier des zweiten Weihnachtsfeiertags (Stephanstag) wird schon seit dem 5. Jahrhundert bezeugt. Auf einem Konzil zu Mainz wurden schließlich im 13. Jahrhundert vier Weihnachtstage angeordnet, die man jedoch später auf drei reduzierte, bis nach Preußens Vorgang (1773) fast allenthalben auch der dritte Feiertag als kirchlicher Festtag aufgehoben wurde. Die eigentliche Christnacht, also die Nacht vor dem Fest, wurde früher auch schon festlich begangen (Christmetten), wobei besonders dramatische Darstellungen der Geburt Christi und die von den Evangelisten erzählten Nebenumstände zugrunde lagen. Von diesen Metten, welche das Fest in der Nacht vom 24. auf dem 25. Dezember einweihten, erhielt es den Namen „Weihnachten".

Die im Brauchtum über Jahrhunderte verankerte Feier erfuhr im 19. und frühen 20. Jahrhundert ihre heutige Ausgestaltung.

Das Wort „Weihnachtsbaum" besteht seit Ende des 18. Jahrhunderts, allgemein üblich wurde der Weihnachts- bzw. Christbaum erst seit dem letzten Drittel des 19. Jahrhunderts. Im 20. Jahrhundert kam der Adventskranz hinzu.

Aus den Gabenbringern der Adventszeit, dem heiligen Nikolaus und Knecht Ruprecht, wurde der Weihnachtsmann, erstmals belegt auf Bildern des 19. Jahrhunderts. Das Wort „Weihnachtsmann" brachte Hoffmann von Fallersleben 1837 in Umlauf. Ende des 18. Jahrhunderts, deutlich dann im 19. Jahrhundert, erhielt Weihnachten das familiäre Gepräge mit der Bescherung. Im Mittelpunkt dieser standen und stehen bis heute die Kinder.

Bauernregeln zu Weihnachten

- Wän Kreskengke ös jeboare hant, Rööbe on Muere der Schmaak verloere. (Wenn Christkindchen geboren ist, haben Rüben und Möhren den Geschmack verloren.)

- E jröön Wainachten jöft e wet Poasche. (Ein grünes Weihnachtsfest gibt ein weißes Ostern.)

- Von Dreejkönijen aan weärde de Daach ene Haaneschrai jelängt. (Vom Dreikönigstag an werden die Tage einen Hahnenschritt länger.)

- Fange se aan te länger, fange se aan te schtränge. (Wenn die Tage länger werden, wird die Kälte strenger.)

- Es et de Hellege Nach hell an klor, dat bedüjt Sägen för't neye Johr. (Ist's Heiligabend hell und klar, folgt ein höchst fruchtbares Jahr.)

- Ist es grün zur Weihnachtsfeier, fällt der Schnee auf Ostereier.

- Christtag klar – ein gutes Jahr.

- Wenn es ums Christfest ist feucht und nass, so gibt es leere Speicher und Fass.

- Viel Wind in den Weihnachtstagen, reichlich Obst die Bäume tragen.

- Wer sein Holz um Weihnachten fällt, dem sein Gebäude zehnmal hält.

- Wartet die Krähe zu Weihnacht im Klee, sitzt sie zu Ostern sicher im Schnee.

- Wenn Christkindlein Regen weint, vier Wochen keine Sonne scheint.

- Je dicker das Eis an Weihnachten liegt, je zeitiger der Bauer Frühling kriegt.

- Ist es an Weihnachten kalt, ist kurz der Winter, das Frühjahr kommt bald.

- Ist Weihnachten gelind, im Januar die Kälte beginnt.

- Klappern die Bäume vom Eis in den Weihnachtstagen, sie im nächsten Jahr viele Früchte tragen.

- Kersmes hell an klor, geft en gesägent Johr.

- Kersmes in de Klee – Possen in de Schnee.

- Met Kersmes an de Düer, met Posse an et Füer. (Warme Weihnachten – kalte Ostern.)

- Christnacht hell und klar, künd't ein fruchtbares Jahr.

- Hängt zu Weihnachten Eis an den Weiden, kannst du Ostern Palmen schneiden.

Weihnachtszeit
HEINRICH HOFFMANN VON FALLERSLEBEN

O schöne, herrliche Weihnachtszeit!
Was bringst du Lust und Fröhlichkeit!
Wenn der heilige Christ in jedem Haus
teilt seine lieben Gaben aus.
Und ist das Häuschen noch so klein,
so kommt der heilige Christ hinein,
und alle sind ihm lieb wie die Seinen,
die Armen und Reichen, die Großen und Kleinen.
Der heilige Christ an alle denkt,
ein jedes wird von ihm beschenkt.
Drum lasst uns freuen und dankbar sein!
Er denkt auch unser, mein und dein!

Ja, ich gebe es zu! Ich bin ein Hobbybastler. Oder besser: ein praktizierender Heimwerker. Wie andere Männer sich auf Sportplätzen oder in Autohäusern bestens auskennen, sind Bau- und Elektronikmärkte mein zweites Zuhause. Gang vier, links unten – ich weiß, was dort liegt! Meine Spezialität ist die elektronische Steuerung von mechanischen Antrieben.

Warum ich Ihnen das erzähle? Nun, bei einer solchen „Schaltung" ist mir ein kleiner Fehler unterlaufen – kann ja mal vorkommen.

In der Adventszeit half ich einem Kollegen bei der Haushaltsauflösung einer alten Dame aus der Nachbarschaft. Hierbei fand ich beim Ausräumen des Kellers einen verschmutzten, altersschwachen Christbaumständer. Kein gewöhnlicher Ständer, wie man ihn kennt, sondern einer mit einem hochinteressanten Drehmechanismus und einer integrierten Spieluhr. Beim Drehen des Ständers konnte man das Lied „Stille Nacht" hören. Von solch einem Weihnachtsbaumständer erzählte Großmutter regelmäßig zur Weihnachtszeit. Da kam mir der Gedanke, sie mit dem gefundenen Ständer zu überraschen. Nicht nur Großmutter, unsere ganze Familie würde staunen. Unter der Anwendung einiger Tricks konnte ich das antike Stück erwerben und in meine Werkstatt im Keller schmuggeln, die übrigens ohne Mühe mit einer Lehrwerkstatt von Thyssen oder Siemens mithalten kann.

Nach fünf Baumarkt- und sieben Elektronikmarktbesuchen ließ sich der Ständer mit einer Fernbedienung in drei Geschwindigkeitsstufen drehen und er konnte jetzt wahlweise zehn verschiedene Weihnachtslieder abspielen. Nach einem finalen Endanstrich, natürlich in einem freundlichen Festtagsgrün, war der Ständer bereit für die Aufnahme eines mindestens zwei Meter großen Christbaumes. Der musste jetzt schnellstens besorgt werden, denn es ging schnurstracks auf das Fest zu.

Mit einem wirklich schön gewachsenen Exemplar machte ich dann einen Probelauf. Alles funktionierte bestens. Großmutter würde Augen machen! Am Heiligabend bestand ich darauf, den Weihnachtsbaum alleine zu schmücken. So wie zu Omas Zeiten, passend zum antiken Ständer, mit viel Lametta und Engelhaar – und mit echten Kerzen.

Die Feier konnte starten. Ich schleppte für Großmutter extra den großen Ohrensessel vor den Baum. Stimmungsvoll wurde Oma geholt und zu ihrem Ehrenplatz geführt. Die Stühle für den Rest der Familie hatte ich in einem Halbkreis um den Tannenbaum aufgestellt. Meine Frau und ich setzten sich rechts und links von Großmutter, die Kinder nahmen außen Platz. Jetzt kam mein großer Auftritt. Extra langsam zündete ich die Kerzen und danach die Wunderkerzen an. „Und jetzt kommt die große Überraschung!", rief ich selbstbewusst. Dabei löste ich grinsend die Sperre am Ständer und eilte an meinen Platz zurück. Bedächtig begann der Weihnachtsbaum sich zu drehen, ganz so, wie ich es eingestellt hatte. Dazu spielte die alte Musikwalze, wie von mir programmiert, „O du fröhliche".

Die Begeisterung erreichte einen vorläufigen Höhepunkt. Die Kinder wippten auf ihren Stühlen und klatschten vergnügt in die Hände. Großmutter war vor Ergriffenheit den Tränen nahe. „Wenn Großvater das noch erleben könnte! Dass ich das noch erleben darf!", wiederholte sie ständig. Meine Frau sagte gar nichts. Das ist in solchen Situationen immer höchst verdächtig! Eine Zeit lang sahen wir schweigend auf den sich ruhig drehenden Christbaum, bis uns plötzlich ein schnarrendes, ratterndes Geräusch in die Realität zurückholte.

Ich wollte es zuerst nicht wahrhaben, aber das Geräusch kam direkt aus dem Christbaumständer. Der Baum zitterte wie Espenlaub und machte Geräusche wie die Paarungsrufe zweier Zahnarztbohrer. Nun begann der Baum Fahrt aufzunehmen. Er drehte sich immer schneller und hörte sich an wie hochgezüchtete Düsenjäger im Formationsflug.

Aus meinem ideal konstruierten Dreistufenantrieb hatte sich aus unerklärlichen Gründen ein stufenloses Getriebe entwickelt. Aber nicht nur der Baum drehte sich immer schneller. Auch die Musikwalze erhöhte massiv ihre Geschwindigkeit und „Stille Nacht" hörte sich jetzt an wie wildgewordene Luftschutzsirenen. Der Baum nahm weiter Tempo auf, die Flammen wehten jetzt hinter den Kerzen her. Großmutter bekreuzigte sich. Irgendwie hatte Sie die Umdrehungen des Baumes anders in Erinnerung. Dann murmelte sie: „Wenn das Großvater noch erlebt hätte!"

Inzwischen hatte der Stern von Bethlehem die Spitze des Baumes verlassen und war wie ein Komet durch das Zimmer gestreift. Durch eine leichte Kollision mit dem Kopf meines Sohnes verließ er seine Flugbahn und landete direkt auf unserem Pudel Gildo, der gerade ein Nickerchen machte. Der Hund verweigerte daraufhin bis in den Januar hinein jede Art von Kommunikation. Das Lametta und das Engelhaar hatten sich inzwischen aus dem hängenden in den waagerechten Zustand begeben und schwebte wie ein Kettenkarussell am Weihnachtsbaum.

Ich konnte gerade noch „volle Deckung!" rufen, als ein Rauschgoldengel völlig desorientiert das Zimmer in Richtung Küche verließ. Auf derart viel Freiheit war er wohl nicht vorbereitet. Alles, was nicht mit dem Baum verwachsen war, wurde mit hoher Geschwindigkeit an die Wände oder aus dem Raum katapultiert. Es sah jetzt im Zimmer aus, als hätte die Bescherung auf der Autobahn stattgefunden.

Die Kinder waren hinter Großmutters Sessel in Deckung gegangen. Meine Frau und ich schützten den Kopf mit unseren Händen – in Bauchlage, versteht sich. Das blieb Oma aufgrund ihrer altersbedingten Bewegungseinschränkung verwehrt. Sie saß weiterhin, inzwischen etwas verwirrt, in ihrem Ohrensessel, komplett mit Lametta und Engelhaar zugehängt. „Mmmh, das ist Kirschwasser!", war ihre trockene Reaktion auf einen gefüllten Schokoladenschmuck, der an ihrem Kopf zerschellte, und murmelte weiter: „Wenn Großvater das noch erlebt hätte!"

Aus der Musikwalze klang jetzt nur noch ein süßlich-klumpiger Geräuschpudding. Mit einem ekelhaftem Ton kam der Ständer schlagartig zum Stehen. Plötzlich war es im Zimmer grabesstill. Schweigend quälte sich Großmutter aus dem Ohrensessel, dekoriert wie nach einer New Yorker Konfettiparade. Auf dem Weg zu ihrem Zimmer schüttelte sie den Kopf, wobei sie eine Lamettagirlande wie eine Schleppe hinter sich her zog. In der Tür drehte sie sich noch einmal um und sagte: „Wie gut, dass Großvater das nicht erlebt hat!"

„Verflixt, ich seh' nichts."

Hellege Nacht
KARL GROENEWALD

Vör langen Tid, et sin kost twedüsend joor
Moß jeder dorhen, wor hej gebore woor.
Augustus woll weete, wie völ Volk hei had.
Onderwegs wird männge marode en matt.

En jonge Frau met 'nen Hellgeschin,
Host en Mädje noch, et Gesechske so fin,
Met Höör näs Gold, än löchtend blaue Oge,
Vör die vörop vööl mooje Möskes floge.

Öre Mann socht en Herberg all sent Ühre.
Worhen hej koom, hej koom vör tuwe Dööre.
„Marieke" säät 'e, löverall es et te düür.
Wej övernachte vandaag mar in en Schüür."

Geseit, gedoon; gen lange Komplemänte.
Wat Hööj än Strooj, wat Fäären ok van Änte,
En fitske Kaff, enen Ärm voll ander Grei.
„Kiekt hier" sät Josep, „es dat gen mooje Sprei"

Sej rösten üt, daghälle Nacht op eene Keer.
Gotteswonder, dat löcht en schint noch ömmer mehr.
Düsend Engeltjes songe, wat se koste
Düsend stonde vör de Schürpoort Poste.

En ganz klein Engeltje met selvre Löckskes,
Met ächtgolde Flögels än sije Röckskes,
Fliegt op et Kreppke än säät: „Now ken ek ow weer,
Gej sit Marias Kindje, onsen LIEVEN HEER."

Die Geschichte vom Weihnachtsbaum als ureigenes deutsches Weihnachtssymbol ist nicht richtig. Der erste Christbaum soll im Jahre 1514 im lettischen Riga einen Platz geschmückt haben. Und 1605 berichtete ein Reisender von seinem Besuch im Elsass. Er sah in Straßburg Bäume in Wohnungen, die in der Weihnachtszeit mit Äpfeln, Nüssen, Oblaten und Zuckerstangen feierlich geschmückt waren. Die früheste Abbildung eines Weihnachtsbaumes in Deutschland stammt wahrscheinlich von der Schwester der Dichterin Droste-Hülshoff. Das Bild entstand 1833.

Schon im 15. Jahrhundert war es Brauch, sich in den kahlen, dunklen Wintermonaten immergrüne Zweige an die Zimmerdecke zu hängen. Kiefer, Tanne, Eibe und Buchsbaum sollten mit ihrem kräftigen Grün die bösen Geister, Hexen, Dämonen und anderes Übel vertreiben.

In katholischen Landstrichen traf die Verbreitung des Christbaumes als protestantischer Brauch lange auf Widerstand. Darum bürgerte sich der Weihnachtsbaum am Niederrhein erst zu Beginn des 20. Jahrhunderts ein, vielerorts sogar erst nach dem Ersten Weltkrieg. Da stand er anfangs in den gut situierten Häusern und erst später in den Wohnungen der Bauern, Handwerker und Arbeiter. Wo ein Christbaum stand, kamen die Kinder aus der Nachbarschaft ,an de Kreesboom senge' – am Christbaum singen. Der Weihnachtsbaum war auch Ursache für den Wechsel von der Bescherung der Kinder und des Dienstpersonals am Nikolaustag hin zur Weihnachtsbescherung der Erwachsenen und der Kinder.

Vor dem 19. Jahrhundert wurde der Baum hauptsächlich mit Äpfeln, Nüssen, Gebäck und Zuckerzeug dekoriert. Neben Süßigkeiten spielten sehr früh in Silberpapier und in Goldpapier eingewickelte Früchte und Nüsse eine wichtige Rolle. Dieser Brauch hielt sich bis weit ins 19. Jahrhundert hinein, wurde aber im Laufe der Zeit durch den neu eingeführten Glasschmuck und das industriell gefertigte Lametta weitgehend verdrängt.

Die ersten Weihnachtsbäume waren noch nicht beleuchtet. Erst später kamen die Kerzen hinzu, die für uns heute den charakteristischen Bestandteil des immergrünen Lebens- und Lichterbaums darstellen. Seit den 1960er-Jahren finden auch elektrische Kerzen aus Sicherheitsgründen immer mehr Verwendung.

„Früher war mehr Lametta".

Vanillekipferl

Zutaten

560 g	Mehl
160 g	Zucker
400 g	Butter oder Margarine
200 g	gemahlene Haselnüsse
100 g	Zucker zum Wenden
4 Päckchen	Vanillezucker

Zubereitung

Das Mehl, den Zucker, die in kleine Stücke geschnittene Butter sowie die Nüsse zu einem Teig verkneten und eine Stunde kühl stellen. Aus dem Teig eine Rolle kneten, davon Stücke abschneiden und die zu Kipferl formen.

Die Kipferl auf ein mit Backpapier ausgelegtes Blech platzieren und auf der mittleren Schiene bei 175°C etwa 15 Minuten goldgelb backen.

100 g Zucker und 4 Päckchen Vanillezucker mischen, die frisch gebackenen Kipferl darin wenden und auskühlen lassen.

Das Christbäumchen

Wilhelm Curtmann (1802–1871)

Die Bäume stritten einmal miteinander, wer von ihnen der vornehmste wäre. Da trat die Eiche vor und sagte: „Seht mich an! Ich bin hoch und dick und habe viele Äste, und meine Zweige sind reich an Blättern und Früchten."

„Früchte hast Du wohl", sagte der Pfirsichbaum; „allein es sind nur Früchte für die Schweine; die Menschen mögen nichts davon wissen. Aber ich, ich liefere die rotbackigen Pfirsiche auf die Tafel des Königs".

„Das hilft nicht viel", sagte der Apfelbaum, „von deinen Pfirsichen werden nur wenige Leute satt. Auch dauern sie nur wenige Wochen; dann werden sie faul, und niemand kann sie mehr brauchen. Da bin ich ein anderer Baum. Ich trage alle Jahre Körbe voll Äpfel, die brauchen sich nicht zu schämen, wenn sie auf eine vornehme Tafel gesetzt werden. Sie machen auch die Armen satt. Man kann sie den ganzen Winter im Keller aufbewahren oder im Ofen dörren oder Most daraus keltern. Ich bin der nützlichste Baum!"

„Das bildest du dir nur ein" sagte die Fichte, „aber du irrst dich. Mit meinem Holz baut man die Häuser und heizt man die Öfen. Mich schneidet man zu Brettern und macht Tische, Stühle, Schränke, ja sogar Schiffe daraus. Dazu bin ich im Winter nicht so kahl wie ihr: Ich bin das ganze Jahr hindurch schön grün. Auch habe ich noch einen Vorzug. Wenn es Weihnachten wird, dann kommt das Christkindchen, setzt mich in ein schönes Gärtchen und hängt goldene Nüsse und Äpfel an meine Zweige. Über mich freuen sich die Kinder am allermeisten. Ist das nicht wahr?"

Dem konnten die anderen Bäume nicht widersprechen.

Fröhliche
Weihnachten!

Traudl war acht Jahre alt, als sie ihren Wunschzettel nicht an das Christkind oder den Weihnachtsmann schrieb, sondern diesen nur mit ihrem Namen bezeichnete, weil ihre Schwester nichts von den schönen Sachen erhalten sollte. Die klein gezeichneten Tannenzweige mit Zuckerkringel, Apfel, Baumbehang und Kerze „kriegte man sowieso". Ihr größter Wunsch war ein elektrischer Stern als Beleuchtung für ihr Zimmer; ferner eine handkurbelbetriebene Puppen-Nähmaschine und ein Puppenherd, den sie bekam. Obschon diese Geräte in eine künftige Hausfrauenrolle nach Art der Mutter einüben sollten, wurde Traudl Chemikerin und blieb Junggesellin. (Nach persönlichen Mitteilungen)

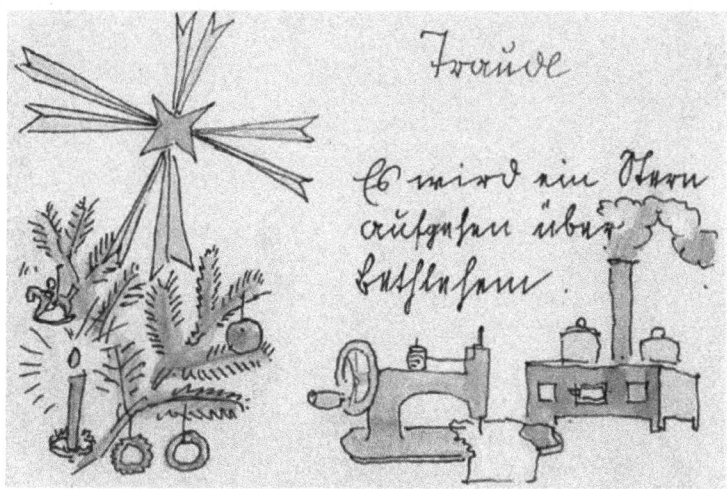

Traudels Brief an den Weihnachtsmann.

„Da ist ja endlich mein Dreirad, das hat aber auch gedauert!"

Die heilige Nacht
EDUARD MÖRIKE

Gesegnet sei die Heilige Nacht,
die uns das Licht der Welt gebracht!
Wohl unterm lieben Himmelszelt
die Hirten lagen auf dem Feld.
Ein Engel Gottes, licht und klar,
mit seinem Gruß tritt auf sie dar.
Vor Angst sie decken ihr Angesicht,
da spricht der Engel: „Fürcht't euch nicht!
Ich verkünd' euch große Freud:
Der Heiland ist euch geboren heut'."
Da geh'n die Hirten hin in Eil,
zu schau'n mit Augen das ewig Heil;
zu singen dem süßen Gast Willkomm,
zu bringen ihm ein Lämmlein fromm.
Bald kommen auch gezogen fern
die Heil'gen Drei König' mit ihrem Stern.
Sie knien vor dem Kindlein hold,
schenken ihm Myrrhen, Weihrauch, Gold.
Vom Himmel hoch der Engel Heer
Frohlocket: „Gott in der Höh' sei Ehr!"

Brief an den Weihnachtsmann.

Weihnachtsbällchen

Zutaten

250 g	Butter
100 g	Zucker
1 Päckchen	Vanillinzucker
300 g	Mehl
100 g	gemahlene Mandeln
100 g	Kokosraspeln
	Puderzucker

Zubereitung

Die Butter, den Zucker und den Vanillinzucker schaumig rühren, hintereinander das Mehl, die Mandeln und die Kokosraspeln unterrühren.

Aus dem Teig etwa wallnussgroße Bällchen formen, auf ein eingefettetes oder mit Backpapier ausgelegtes Blech legen und im vorgeheizten Backofen (mittlere Schiene) bei 190°C etwa 20 Minuten backen. Danach sofort mit Puderzucker bestäuben. Das geht auch mit Zimt und Zucker oder für Fortgeschrittene: mit Schokoladenglasur.

Zimtsterne

Zutaten

3	Eiweiße
250 g	Puderzucker
300 g	gemahlene Mandeln
1 TL	Zimt
etwas	abgeriebene Zitronenschale

Zubereitung

Das Eiweiß steif schlagen und dabei den Puderzucker löffelweise zugeben. Vier gehäufte Esslöffel von der Eiweißglasur zum Bestreichen der Sterne zurückstellen. Die Mandeln und die Gewürze mit der restlichen Eiweißmasse vermischen. Zum Schluss alles durchkneten.

Den Teig 1/2 cm dick ausrollen. Sollte er noch zu feucht sein, ein paar gemahlene Mandeln unterrühren. Jetzt die Sterne ausstechen und auf ein mit Backpapier ausgelegtes Backblech legen.

Mit der zurückbehaltenen Eiweißglasur die Sterne bestreichen. Das Blech auf der mittleren Schiene in den Backofen einschieben und bei etwa 150°C 10–20 Minuten backen.

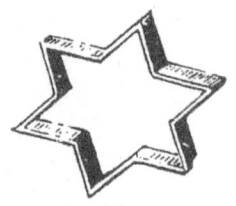

Das Wunder der Heiligen Nacht
FRIEDRICH VON BODELSCHWINGH

Weihnachten ist das große Wunder
der vergebenden Gnade Gottes
den verlorenen Leuten bietet ER ewiges Leben
Das ist das Wunder der Heiligen Weihnacht,
dass ein hilfloses Kind unser aller Helfer wird.
Das ist das Wunder der Heiligen Nacht,
dass in die Dunkelheit der Erde die helle Sonne scheint.
Das ist das Wunder der Heiligen Nacht,
dass traurige Leute ganz fröhlich werden können.
Das ist das Wunder der Heiligen Nacht:
Das Kind nimmt unser Leben in seine Hände,
um es niemals wieder loszulassen.

„Hoffentlich nicht schon wieder Karpfen!"
Kinder beim Angelspiel, Heiligabend in den 1960er-Jahren.

Wiegenlied
CLEMENS VON BRENTANO

*Hier unterm Turme
hier wehet kein Wind,
hier betet die Mutter
und wieget ihr Kind,
und hat von der Wiege
zur Krippe ein Band
von Glaube und Hoffnung
und Liebe gespannt.*

*Weit über die Meere
die Sehnsucht sie spinnt,
dort sitzet Maria
und wieget ihr Kind,
die Engel, die Hirten,
drei König und Stern
und Öchslein und Eslein
erkennen den Herrn.*

Wohl über dem Monde
und Wolken und Wind
mit Zepter und Krone
steht Jungfrau und Kind.
Hier unten ward's Kindlein
am Kreuz ausgespannt,
dort oben wiegt's Himmel
und Erd auf der Hand.

Komm mit, lass uns fliegen
zu Maria geschwind,
komm mit! und lern biegen
dein Knie vor dem Kind,
komm mit! schnür dein Bündlein,
schon führet die Hand
Maria dem Kindlein,
es segnet das Land.

WEIHNACHTLICHES TURMBLASEN
IN XANTEN

Für viele Xantener und Xantenerinnen beginnt das Weihnachtsfest mit dem Turmblasen am Heiligen Abend (15.30–16.30 Uhr). Dazu versammeln sich die Xantener Bürger auf dem Markt und lassen sich auf das Weihnachtsfest einstimmen. Die Turmbläser, die vom 40 Meter hohen „Kranz" des Domes hinab auf Xanten blicken, intonieren bei jeder Witterung im Wechsel mit festlichem Geläut traditionelle Weihnachtslieder.

Gepflegt wird dieser Brauch schon über 100 Jahre. Böhmische Musiker, Mitglieder der „Opelschen Stadtpfeife", brachten diese Tradition aus Böhmen mit an den Niederrhein. Auch heute – in der vierten Generation – leitet ein Mitglied der in Xanten bekannten Musikerfamilie, Alfred Opel, der Urenkel des Kapellmeisters Georg Opel, das Turmblasen. 15 bis 18 ambitionierte Bläser treffen sich jährlich zu diesem weihnachtlichen Brauch in Xanten und scheuen auch weite Anreisen nicht. Sie zeigen so ihre Heimatverbundenheit und erhalten sich auf diese Weise eine lieb gewonnene Tradition nach dem Motto: „Einmal Turmbläser in Xanten, immer Turmbläser!"

In St. Hubert, einem Ortsteil der Stadt Kempen, wird nicht vom Turm geblasen, hier wird, seit über 70 Jahren, das Weihnachtsfest am Heiligen Abend um 15.30 Uhr mit einem weihnachtlichen Ständchen des örtlichen Musikvereins auf dem Marktplatz eingeläutet.

Weihnachtspunsch

Zutaten

800 ml	Frisch gebrühter schwarzer Tee
4 EL	Honig
2 EL	Ingwersirup
350 ml	Jamaikarum
2 EL	brauner Zucker
2	Karambolenscheiben (Sternfrüchte) zum Verzieren

Zubereitung

Den Tee mit dem Honig, dem Ingwersirup und dem Rum in einem Topf erhitzen. Die Punschgläser am oberen Rand anfeuchten und in dem Zucker drehen. Den Punsch in die Gläser füllen und mit den Karambolen verzieren.

Ein Lobgesang von der Geburt Christi
MARTIN LUTHER

Gelobet seist du, Jesu Christ,
dass du Mensch geboren bist
von einer Jungfrau, das ist wahr;
des freuet sich der Engel Schar.
Kyrieleis.

Des ew'gen Vaters einig Kind
jetzt man in der Krippe findt.
In unser armes Fleisch und Blut
verkleidet sich das ewig Gut.
Kyrieleis.

Den aller Welt Kreis nie umschloss,
der liegt in Marien Schoß.
Er ist ein Kindlein worden klein,
der alle Ding erhält allein.
Kyrieleis.

Das ewig Licht geht da herein,
gibt der Welt ein neuen Schein.
Es leucht' wohl mitten in der Nacht
und uns des Lichtes Kinder macht.
Kyrieleis.

Der Sohn des Vaters, Gott von Art,
ein Gast in der Welte war
und führt uns aus dem Jammerthal;
er macht uns Erben in sein'm Saal.
Kyrieleis.

Er ist auf Erden kommen arm,
dass er unser sich erbarm
und in dem Himmel mache reich
und seinen lieben Engeln gleich.
Kyrieleis.

Das hat er alles uns getan,
sein groß Lieb zu zeigen an.
Des freu sich alle Christenheit
und dank ihm des in Ewigkeit.
Kyrieleis.

Himmlischer Schokopunsch
(auch für Kinder geeignet)

Zutaten

200 ml	Schlagsahne
1 Stange	Zimt
50 g	Zartbitterschokolade
100 ml	Kokosmilch
400 ml	heiße Milch

Zubereitung

Zuerst 100 ml Sahne mit der Zimtstange erhitzen. Dann die
Schokolade klein schneiden und in der Flüssigkeit auflösen.
Nun die Kokosmilch und die heiße Milch dazugeben. Die
restliche Sahne steif schlagen. Den Punsch in Gläser füllen
und mit einem Sahnehäubchen garnieren.

Gruppenbild mit Dame(n) und Staubsauger.

Weihnachtslied
THEODOR STORM

Vom Himmel in die tiefsten Klüfte
Ein milder Stern herniederlacht;
Vom Tannenwalde steigen Düfte
Und hauchen durch die Winterlüfte,
Und kerzenhelle wird die Nacht.

Mir ist das Herz so froh erschrocken,
Das ist die liebe Weihnachtszeit!
Ich höre fernher Kirchenglocken
Mich lieblich heimatlich verlocken
In märchenstille Herrlichkeit.

Ein frommer Zauber hält mich wieder,
Anbetend, staunend muss ich stehn;
Es sinkt auf meine Augenlider
Ein gold'ner Kindertraum hernieder,
Ich fühl's, ein Wunder ist gescheh'n.

Am Himmel leuchten hell die Sterne

Am Himmel leuchten hell die Sterne,
Glocken läuten in der Ferne.
Die Herzen werden weich und weit,
denn es ist wieder Weihnachtszeit!
In der Küche brutzeln Braten,
die Kleinen können's kaum erwarten,
die Geschenke auszupacken.
Die Bratäpfel im Ofen knacken.
Voller Duft und Heimlichkeit,
wünsch' ich euch diese Weihnachtszeit!

Schenken
JOACHIM RINGELNATZ

Schenke groß oder klein,
Aber immer gediegen.
Wenn die Bedachten
Die Gaben wiegen,
Sei dein Gewissen rein.

Schenke herzlich und frei.
Schenke dabei,
Was in dir wohnt
An Meinung, Geschmack und Humor,
Sodass die eigene Freude zuvor
Dich reichlich belohnt.

Schenke mit Geist ohne List.
Sei eingedenk,
Dass dein Geschenk
Du selber bist.

Mit Kniestrümpfen und Gamaschenhose zur Bescherung angetreten. Weihnachten bei einer niederrheinischen Familie in den 1950er-Jahren.

NEIN, ICH NEHME DIESES WEIHNACHTSGESCHENK NICHT AN
... ODER: PLEITEN AM GABENTISCH

Wir Kinder der 1950er-Jahre waren recht anspruchslos. Es gab nicht viel zu dieser Zeit – vor allem keine Markenklamotten. Im Grunde war es mir in diesem Alter aber auch egal, welche Kleidung ich trug. Abgesehen von Lederhosen – kurzen Lederhosen. Ich hatte eine gewaltige Abscheu gegen dieses Kleidungsstück und empfand das Tragen als Verstoß gegen die guten Sitten. Erstaunlich, dass meine Altersgenossen ohne zu meckern, teilweise sogar mit großer Begeisterung, diese oftmals vor Dreck starrenden Hosen gerne trugen. Und das zu jeder Tageszeit, an jedem Wochentag, zu jeder Gelegenheit. Einige meiner Freunde bekamen deshalb zu Weihnachten eine Lederhose geschenkt. Ein solches Kleidungsstück als Weihnachtsgeschenk hätte bei mir eine Enttäuschung hervorgerufen, die genauso groß gewesen wäre, als hätten meine Eltern mich gebeten, von zu Hause wegzulaufen.

Ja, zu meinem großen Leidwesen gehörte ich zur Lederhosen-Generation. Warum war es für mich ein solches Problem, in hochalpinen Tierhaut-Trägerhosen herumzulaufen? Ich glaube, das Tragegefühl dieser grässlichen Hosen muss man selbst erlebt haben. Und zwar am besten eine, die schon mindestens einen Vorgänger – oder Vorträger hatte. Meine erste Lederhose war auch die erste meines drei Jahre älteren Cousins gewesen. Die Hosen wurden wegen ihrer Robustheit und der damit verbundenen Langlebigkeit weitergegeben oder besser: weitergetragen. Wer zu seiner großen Erleichterung aus der Hose herausgewachsen war, der gab sie mit Freuden an den Nächstjüngeren weiter. Der Bedauernswerte musste dann seinen Hintern und noch edlere Körperteile in die speckige, höchst eigenartig riechende Schwarte stecken. So musste auch mein Bruder meine Krachlederne auftragen. Ich höre ihn noch brüllen: „Ich will seine Hose nicht. Ich will eine eigene Hose." Solche Einwände blieben aber ungehört. Dabei

wusste er noch gar nicht, dass die großzügig weitergegebene Hose
sogar schon vor meinem einen anderen Hintern umhüllt hatte.

Nun war Lederhose nicht gleich Lederhose. Da gab es die
ganz feinen aus weichem Hirschleder, mit der Wolfgang Meier,
der Sohn des Bäckermeisters, mächtig protzte. Und dann waren
da die groben, rustikalen Modelle von Rindern, die viele Jahre
ihre Haut durch die niederrheinische Landschaft geschleppt
hatten, und in denen man unten herum so unbeweglich war wie
eine Schrankwand. Man lief darin, als wären zwei Windeln in
die Hose genäht worden. Zu dieser Gruppe gehörte meine Hose.
Eine mit einer Hosenklappe vorne, gehalten durch zwei kitschige
Hirschhornknöpfe. Die ganze Schwarte wurde aufgefangen von
breiten, filzunterlegten Trägern, die vorne von einem Querleder
gehalten wurden und sich sehr dekorativ auf dem Rücken kreuz-
ten. Auf dem Querleder röhrte ein Plastikhirsch aus Elfenbeini-
mitation. In diesem Kleidungsstück war jeder noch so trickreiche
Annäherungsversuch an das andere Geschlecht zum Scheitern
verurteilt.

Im Gegensatz zu den üblichen kurzen Stoffhosen, aus denen
man schnell herauswuchs, ließen sich die Lederhosen lange ihrem
Träger anpassen. Für Zeitgenossen mit Hühnerbeinen befand sich
am Hosenbund eine Lasche, die mit Schnüren enger und für Leute
mit Elefantenstempeln weiter gestellt werden konnte. Waren die
Beine zu kurz, wurde die Hosenlänge durch Umschlagen nach
oben geändert, schoss der Träger später in die Höhe, konnte das
kurzerhand durch Ausklappen der Umschläge angepasst werden.
So war ein langes Tragen der Lederhose gewährleistet – irgendwann konnte man sie ausziehen und sie blieb einfach stehen …

Einen einzigen Vorteil hatten diese Tierhäute: War man einmal sehr unartig, was ja nur ganz selten vorkam, und wollte einen
der Vater versohlen, hatte er danach ein Problem mit seinen Händen, wir aber nicht mit unseren Hinterteilen.

In der Pubertät habe ich mich dann konsequent geweigert,
kurze Hosen anzuziehen. In dieser Zeit ging ich gerne ins

Wedaustadion, vor allem wenn der MSV gegen Bayern München spielte. Da konnte ich aus voller Überzeugung singen: „Zieht den Bayern die Lederhosen aus …" Die Abneigung gegen kurze Hosen ist bis heute geblieben.

„Sicher, ich hatte mir etwas gewünscht, das sich dreht. Ich dachte dabei aber eher an eine Eisenbahn.",

Der Nussknacker
KURT ARNOLD FINDEISEN

– In bärbeißigem Ton –
Ich hab – schon manche Nuss – gepackt,
krick – krack – und mitten durch – geknackt.
Der Spielzeugmacher – der mich schuf –
gab mir das Knacken – zum Beruf.
Ich knacke große – ich knacke kleine,
und was nicht aufgeht – das sind Steine.
Ich knacke hart – ich knacke weich,
nur immer her – mir ist das gleich.
Doch sag ich eins euch ins Gesicht:
Verknacken – ha! – lass ich mich nicht!

Weihnachtsidylle
B<small>RUNO</small> W<small>ILLE</small>

Aus Raureif ragt ein Gartenhaus,
das schaut so schmuck, so freundlich aus.

〜

Am blanken Giebel schmiegt sich hold
der Wintersonne Abendgold.

〜

Eiszapfen, Scheiben in rotem Glanz,
die Fenster umrahmt von Waldmooskranz.

〜

Blattgrün, Gelbkrokus, ein rosiger Bube
lächeln aus frühlingswarmer Stube.

〜

Kanarienvogel schmettert so hell;
Kinderlachen und Hundegebell.

〜

Klein Hunsemann und Ami spielen
Wolfsjagd, sie balgen sich auf den Dielen.

〜

Die Mutter ging holen den Weihnachtsmann,
der klopft an die Türe brummend an.

〜

Und sieh! Vermummt, ein bärtiger Greis.
Ein Sack voll Nüsse, ein Tannenreis.

〜

„Seid ihr auch artig?" – Stumm nicken die Kleinen
und reichen die Patschhand; eins möchte weinen.

⁓

Da prasseln die Nüsse, das gibt ein Haschen!
Der süße Hagel füllt die Taschen.

⁓

Fort ist der Mann. Mit Lampenschein
tritt nun die liebe Mutter herein.

⁓

Gejubel: „Der Weihnachtsmann war da!
O, Nüsse hat er gebracht, Mama!"

⁓

Den großen Tisch umringt ein Schwatzen,
Schalenknacken, behaglich Schmatzen.

⁓

Die Mutter klatscht in die Hände und zieht
die Spieluhr auf: „Nun singt ein Lied!"

⁓

„Ihr Kinderlein kommet, o kommet doch all,
zur Krippe her kommet in Bethlehems Stall!"

⁓

Fromm tönt's in die frostige Nacht hinaus.
Ein Stern steht selig über dem Haus.

Der Struwwelpeter oder:
Lustige Geschichten und drollige Bilder
Dr. Heinrich Hoffmann

Wenn die Kinder artig sind,
Kommt zu ihnen das Christkind.
Wenn sie ihre Suppe essen,
Und das Brot auch nicht vergessen;
Wenn sie ohne Lärm zu machen
Still sind bei den Siebensachen,
Beim Spazierengeh'n auf den Gassen
Von Mama sich führen lassen,
Bringt es ihnen Gut's genug
Und ein schönes Bilderbuch.

WEIHNACHTSLIEDER

Zur Bescherung der Familie und bei Weihnachtsfeiern gehören auch Weihnachtslieder – ob nun geliebt oder gehasst. Irvin Berlins „White Christmas" gilt mit geschätzten 50 Millionen verkauften Einheiten als die meistverkaufte Single aller Zeiten. Gut, aber welches ist denn das älteste Weihnachtslied? Wahrscheinlich jenes, das die Engel bei der Geburt Christi gesungen haben: „Ehre sei Gott in der Höhe und Friede den Menschen seiner Gnade". Das älteste überlieferte deutschsprachige Weihnachtslied ist „Sei uns willkommen, Herre Christ".

Winterlandschaft am Niederrhein, aufgenommen in Lönen, einem Ortsteil der Stadt Voerde.

Zum Weihnachtsfest gehört meist ein auserlesenes Essen am ersten Feiertag. Bestimmte Speisen wie die Weihnachtsgans oder der Weihnachtskarpfen sind typische Festtagsessen. In manchen Regionen gibt es am Heiligen Abend aber auch traditionell einfache Gerichte wie Eintopf oder Würstchen mit Kartoffelsalat.

Roter Heringssalat auf rheinische Art

Zutaten

5	Matjesfilets
200 g	Kalbsbraten oder Rinderbraten
200 g	Kartoffeln
200 g	Rote Bete
3	Gewürzgurken
2	säuerliche Äpfel
4	Eier
1	Zwiebel
50 g	Walnusskerne
4 EL	Mayonnaise
150 g	saure Sahne
1 EL	Rote-Beete-Saft
3 EL	Essig
½ TL	Pfeffer
1 TL	Zucker
1 Prise	Salz

Zubereitung

Die Matjesfilets, den bereits gebratenen Kalbsbraten, die gekochten Kartoffeln, Rote Bete, Gurken, Äpfel und zwei hart gekochte Eier in kleine, etwa gleich große Würfel schneiden. Die Zwiebel klein schneiden, Walnusskerne grob hacken. Alles zusammen in eine große Schüssel geben und vermischen.

Für die Soße die Mayonnaise, die saure Sahne, den Rote-Bete-Saft, den Essig und die Gewürze verrühren, zum Salat geben und unterheben. Den Salat zugedeckt einige Stunden, noch besser: über Nacht kühl stellen. Vor dem Servieren abschmecken und, wenn nötig, mit etwas Rote-Bete-Saft geschmeidig machen. Die restlichen Eier vierteln und damit den Salat dekorieren. Dazu schmeckt rheinisches Schwarzbrot mit Butter.

In vielen niederrheinischen Familien gibt es an Weihnachten Heringssalat.

Kaninchen mit Backpflaumen

Zutaten

1	Kaninchen, in Teile zerlegt
2 EL	Öl
½ l	Rotwein
½ l	Wasser
400 g	entsteinte Backpflaumen
	Salz
	Pfeffer

Zubereitung

Die Kaninchenteile bei mittlerer Hitze goldbraun braten. Die Backpflaumen, Rotwein und das Wasser dazugeben, alles würzen und etwa 45 Minuten im geschlossenen Topf schmoren lassen.

Die zerkochten Backpflaumen und der Bratenfond bilden zusammen eine cremige Soße. Ein Binden ist deshalb nicht nötig. Als Beilage eignen sich Bandnudeln oder Spätzle.

Entenbrust Orange

Zutaten

2	Entenbrüste
1 Dose	Mandarinen oder Orangen
2 TL	bittere Orangenmarmelade
4 EL	Orangensaft
1 TL	Honig
1 EL	Pfefferkörner
2 EL	Öl
200 ml	Kalbsfond
70 g	Butter
	Salz, Pfeffer, Zucker, Ingwerpulver

Zubereitung

Die Entenbrust zunächst waschen und trocken tupfen. Jetzt die Haut (nicht das Fleisch) mit einem scharfen Messer vorsichtig rautenförmig einritzen, damit das Fett herausläuft und die Haut dadurch kross wird. Die andere Seite mit Salz, Pfeffer und Ingwer einreiben. In einer Pfanne Öl erhitzen und die Brüste zuerst mit der Haut nach unten anbraten. Etwa 20 Minuten unter mehrmaligem Wenden weiter braten, herausnehmen und warm stellen.

Zur Herstellung der Soße 30 g Butter zum Bratensatz geben und zerlassen. Dann etwas Honig beifügen und mit dem Kalbsfond und dem Orangensaft ablöschen. Die Mandarinen oder Orangen, die Orangenmarmelade und die Pfefferkörner hinzufügen. Alles einmal aufkochen lassen und dann bei kleiner Flamme etwa 15 Minuten köcheln lassen. Die restliche kalte Butter in kleinen Stücken beimengen. Zum Schluss mit Salz, Pfeffer, Ingwer und Zucker abschmecken.

Gefülltes Schweinefilet in Pflaumensoße

Zutaten

600 g	Schweinefilet
2	mittelgroße Zwiebeln
½	Becher getrocknete Pflaumen
1 EL	Schmand
125 ml	Milch
50 ml	Kaffeesahne
3 EL	Schweineschmalz
⅓ l	halbtrockenen, fruchtigen roten Wein
1 TL	Soßenbinder
	Salz und Pfeffer
	Zimt
	Zitronensaft
	Universalwürzmittel Fondor

Zubereitung

Zu Beginn die Filets waschen, trocken tupfen und längs tief einschneiden. Dann mit den Trockenpflaumen füllen, zusammenlegen und so zubinden, dass die Pflaumen nicht herausfallen können. Mit Salz und Pfeffer würzen. In einer Pfanne etwas Schmalz erhitzen, das Filet von jeder Seite 1 bis 2 Minuten leicht braun braten.

Den Backofen vorheizen. Dann den Braten auf eine vorbereitete Bratfolie legen. Die Folie komplett verschließen, aber nicht zu fest einwickeln und das Fleisch bei 180°C bis 200°C etwa 30 Minuten garen.

Für die Soße die Zwiebeln und 10 bis 12 Pflaumen in kleine Würfel schneiden. Die Zwiebeln mit Schmalz erhitzen und glasig werden lassen, die Pflaumen dazugeben

und kurz anschwitzen. Den Rotwein, die beiden Milch-
sorten und den Schmand zugeben und leicht reduzieren
lassen.

Kurz vor Ende der Garzeit das Filet aus der Folie ent-
fernen und zum Bräunen auf ein Backblech legen (ggf.
Temperatur reduzieren und/oder Grill zuschalten). Den
Bratensaft auffangen und zur Soße geben. Die Soße durch
ein Sieb passieren und mit den Gewürzen abschmecken.
Den Soßenbinder einrühren und noch einmal kurz aufkochen lassen.

Als Beilagen eignen sich Salzkartoffeln, Kroketten,
Kartoffelpüree und grüne Bohnen oder Erbsen.

Weihnachtsgänsebraten mit Bratapfel

Die Geschichte des Gänsebratens ist eng verknüpft mit dem katholischen Brauch der Martinsgans, die vor Beginn der adventlichen Fastenzeit am 11. November gegessen wird. Am Heiligabend endet diese Fastenzeit und als Festtagsbraten kommt wieder eine Gans auf den Tisch. Aber auch Ente oder Pute stehen auf dem Speiseplan.

Hier nun die Gans, wie sie bei uns zu Hause in Wesel zubereitet wurde:

Zutaten

1	küchenfertige Gans (4–5kg)
2 EL	Majoran
1 EL	Beifuß
1 EL	Liebstöckel
100 g	Rosinen
200 ml	Orangensaft, frisch gepresst oder alternativ aus der Flasche
6	kleine säuerliche Äpfel
50 g	Butter
	Salz
	Pfeffer

Zubereitung

Zuerst wird die Gans kalt abgespült und trockengetupft. Anschließend wird sie gesalzen, gepfeffert und von außen mit Majoran eingerieben. Von den ungeschälten Äpfeln wird das Kerngehäuse ausgestochen. Die zuvor in Apfelsinensaft eingeweichten Rosinen werden in die Äpfel gefüllt, die dann wiederum in die Gans gefüllt werden.

Die Gans wird nun in einen Gänsebräter gegeben, dazu kommen 1,5 Liter kochendes Wasser. Der Bräter wird mit dem Deckel verschlossen und in den Backofen geschoben. Dort lässt man die Gans 2,5 bis 3 Stunden garen, zuerst bei 200°C, nach ca. einer halben Stunde wird die Temperatur auf 180°C abgesenkt.

Vor dem Verzehr wird die Gans aus dem Bräter noch einmal in die Fettpfanne gelegt, mit flüssiger Butter* bestrichen und nur bei Oberhitze 10 bis 15 Minuten gebräunt. Aus dem abgeschütteten Fond wird eine Soße gemacht, die je nach Geschmack mit etwas Speisestärke oder Soßenbinder angedickt und abgeschmeckt wird. Mann kann sie vorher auch etwas entfetten und mit dem Fett später noch das Gemüse garen.

Zur Gans servieren Sie ein Gemüse Ihrer Wahl wie Rosenkohl, Apfelrotkohl oder Blumenkohl.

Bei uns zu Hause durfte auch das Apfelmus dazu nicht fehlen. Dazu passen Salzkartoffeln, Klöße oder Bandnudeln.

*Alternativ kann sie auch mit Bier eingestrichen werden, das mit Honig vermischt wurde.

WAT SOL EK MICH WÖNSCHE?

PETER VÖLKER, MUNDARTDICHTER AUS KERKEN-NIEUKERK

Dat Schtök fertelt fan ene Maan, dä osen Härgott ömer on ömer met alle mögeleken Wönsche in'e Úere lee. Op ene Kíer, et wóer wäl midden in'e Wääk, du sòòch osen Härgott dese Maan on see: „Jetzt reicht's mir. Drei Bitten und keine einzige mehr. Drei Wünsche werde ich dir erfüllen und dann ist Schluss. Also sage mir deine drei Wünsche!"

Dä Maan kreech sich balt ni míer iin on fròchde: „Ek dörf mich waaraftich ales wönsche, wat ek weel?"

Dóedrop see osen Härgott: „Ja, drei Bitten und keine einzige mehr."

Du fing dä Maan aan te owerlege on see: „Do wets ja, dat et mich haatächtich es, äwer ek wört géer min Frau quiit wéere, wäges wail di dom es on ömer … jòò, do wets ja. Ek kan se ni míer ferknuuse. Kase mich ni hälpe?"

„In Ordnung", see dän Härgott, „dein Wunsch ist schon erfüllt."

Kört drop es daan di Frau òòk geschtorwe. Dä kos dóe ja ni súe rechtich met feerich wéere, äwer hä wóer glöklek on froo on doch be sich: „Ek wel kiike, dat ek noo en schöne Frau kriich, di ek daan òòk traue weel."

Wi noo di Äldersch, Nòòbere on Bekende na et Begräfnis kòòme on fö di Frau ant Bäe ginge, kòòm dä Maan aan on riip uut: „Minen Härgott, wat hat ek doch en guije, faine Frau, on ek wos dat ni te schätse, wi se noch läfde." Dóedrop ging et ööm ärech schläch on hä riip wär osen Härgott aan: „Híer, breng mich min Frau wär trük, lòt se wär léewe!"

De Antwóert kòòm ök dräk: „In Ordnung, dein zweiter Wunsch sei dir erfüllt."

Noo hat'e blúes nòch ene Wonsch free. Hä doch sich: „Wat sol ek mich blúes wönsche?" on hiil sich Róet be sin Frönde.

Di ene meende: „Wönsch dich ma Gält. Hässe Gält, kas'e dich ales koope, wat,e wels." Andere meende: „Wat nötst dich al dat Gält, wän do ni gesoont bes?"

Wär andere gòòfe te bedengke: „Wat nötst dich ale Gesoontheet, wän do dòch örgeswan schtörfs. Wönsch dich, dat do niii schtörfs."

Súe kòòm et, dat dä Maan balt nòch weniger wos, wat hä sich wönsche sol, dän op ene Kíer see nòch iimes:" Wat nötst dich, dat do ni schtörfs, wän do niimes häs, dään do liif häs? Wönsch dich Liifde."

Dä Maan doch nóe on doch nóe … on wos ni, wat föne Róet hä aaníeme sol on hä hat ja ömer nòch dän därde Wonsch free. Et ginge fiif Jóer … tiin Jóer in't Laant du see osen Härgott fö dä Maan: „Wann sagst du mir deinen dritten Wunsch?"

Dä Maan see: „Híer, ek ben gants dúeríen. Ek wíet owerhaups ni, wat ek mich wönsche sol! Kas doo mich ni sege, wat ek mich wönsche sol?"

Du laachden dän Härgott on see: „Also guut, dann werde ich es dir sagen: Wünsche dir, glücklich zu sein, was dir auch immer geschehen mag. Darin liegt das Geheimnis!"

Alle Jahre wieder
PETER VÖLKER,
MUNDARTDICHTER AUS KERKEN-NIEUKERK

Alle Jahre wieder …
fiert de gantse Krestenheet Wainachte.

⌣

Alle Jahre wieder …
wört be os in'e Wainachstiit dat grötsde Geschäf fan et Jóer gemäkt.

⌣

Alle Jahre wieder …
schtärwe Wechter, wail se niks te Éete häbe of dúer ene Kriich.

⌣

Alle Jahre wieder …
wört dän Hoop fan Lüü di Ärbet süüke ni klender.

⌣

Alle Jahre wieder …
fiere se ooweraal Wainachte op'en Ärbet on daan gef et Betriebs-besäufnisse.

⌣

Alle Jahre wieder …
weeren di Diääten fan'e Abgeordnete aangehööcht.

⌣

Alle Jahre wieder …
krich me be os Gält, Golt, Diamante, Pältse on wat ni al geschängkt.

⌣

Alle Jahre wieder...
weeren di Riike ömer riiker on di Ärme ömer ärmer

~

Alle Jahre wieder …
wört de Ränte al wär ni aangehööcht.

~

Alle Jahre wieder …
gef et mier Lüü, di in'e Müll leewe.

~

Alle Jahre wieder …
senge wee met et gantse Härt: Oh du Fröhliche …

„Markt und Straßen stehn verlassen, still erleuchtet jedes Haus, sinnend geh ich durch die Gassen, alles sieht so festlich aus" – na klar, wenn man im 19. Jahrhundert durch die Innenstadt läuft und Joseph von Eichendorff heißt.

Aber heute? Alle Jahre wieder: Weihnachtsmärkte, Lichterketten und Weihnachtsmänner, die Häuserwände hochklettern. Stille Nacht, Heilige Nacht? Besinnliche Adventszeit? Weihnachten ist für viele der pure Stress. Hektische Marathon-Weihnachtseinkäufe in letzter Minute, aufwendige Vorbereitungen für das Festtagsmenü, Kauf des Weihnachtsbaums, nicht zu früh, aber auch nicht allzu knapp vorm Fest und – Familienbesuche.

Heutzutage ist es schwierig, dem sogenannten Weihnachtsrummel zu entgehen. Immer früher bieten Geschäfte Weihnachtsprodukte an. Es „weihnachtet" teils schon Ende September.

Feiern wir vielleicht bald Weihnachten und Ostern zusammen? Was ist vom ursprünglichen Sinn des Weihnachtsfestes übrig geblieben? Wer kennt noch die Weihnachtsgeschichte oder einfachste Details daraus? Wird Weihnachten überhaupt noch als ein christliches Fest wahrgenommen oder geht es vielen nur noch darum, ein Ritual aufrechtzuerhalten?

Mancher würde jetzt wohl sagen, dass die Weihnachtszeit anno dazumal völlig anders war. So ganz neu scheint der Weihnachtsstress aber doch nicht zu sein, wenn man einigen Aussagen früherer Zeitgenossen glaubt:

GUY DE MAUPASSANT, SCHRIFTSTELLER, „BEL AMI"
Weihnachtsrummel! Weihnachtsrummel! Nein, zum Teufel, ich mach ihn nicht mit.

KURT MARTI, SCHRIFTSTELLER
Die Ware Weihnacht ist nicht die wahre Weihnacht.

JAMES HENRY LEIGH HUNT, SCHRIFTSTELLER
Weihnachten ist die große Zeit des Zuviel.

JOACHIM RINGELNATZ, SCHRIFTSTELLER
*Die besinnlichen Tage zwischen Weihnachten und Neujahr haben
schon manchen um die Besinnung gebracht.*

JEAN-PAUL SARTRE, DRAMATIKER
*Weihnachten – Ein Fest der Freude. Leider wird dabei zu
wenig gelacht.*

Sicher, früher gab es noch kein Weihnachts-Toilettenpapier mit
Spekulatiusduft und einige Eltern halten sich heute vor Weihnachten häufiger im Elektrofachhandel auf als im Spielwaren-
geschäft, weil sich so mancher Wunschzettel der Kinder geändert
hat. Aber wäre die Welt wirklich ein besserer Platz, wenn alle
ein paar Wochen vor Heiligabend auf den Weihnachtskonsum
verzichten würden? Ist die Behauptung richtig, dass der Weih-
nachtsbetrieb den Kern des Festes verrät oder ist es ganz anders:
Hält das Weihnachtsgeschäft vielmehr den Kern des Festes
lebendig? Vielleicht wird der Kaufrausch sozusagen zum Akt der
Vorfreude, zum Ausdruck des Miteinanders, zu einer Art „Weih-
nachtsbekenntnis".

Bei einer Weihnachtspute in Mopsgröße, geflöteten Weih-
nachtsliedern und ausgelassener Geschenkpapierschlacht ist für
solche Fragen leider nur wenig Platz. Doch in allem Trubel, der
uns das Jahr über umzingelt, bieten die Weihnachtsfeiertage auch
Zeit, sich einfach mal in seine Gedanken zurückzuziehen. Und
sich vom Christkind fragen zu lassen: „Nun sag, wie hast du's mit
Weihnachten?"

Also, eine geruhsame oder aufregende Weihnacht – ganz nach
Ihrem Gusto!

Pfeffernüsse

Zutaten

300 g	Honig
125 g	Zucker
125 g	Butter oder Margarine
1/2 TL	gemahlene Nelken
1/2 TL	Piment
2 TL	gemahlener Zimt
525 g	Mehl, 550
150 g	gemahlene Walnüsse
15 g	Pottasche
4 EL	Rum
1	Ei
150 g	Puderzucker
1 EL	Zitronensaft

Zubereitung

Den Honig, den Zucker und die Butter erhitzen und dabei den Zucker unter Rühren auflösen. Die Masse lauwarm abkühlen lassen, dabei gelegentlich umrühren. 500 g Mehl und die Walnüsse mit den Nelken, dem Piment und dem Zimt in einer Schüssel mischen. Die Pottasche und den Rum vermischen. Den Honig, die Mehlmischung, das Ei und die Pottasche zu einem festen Teig verkneten. Das restliche Mehl darüber streuen und mit einer Frischhaltefolie abdecken. Bei Zimmertemperatur mindestens eine Woche stehen lassen.

Den Teig nochmals kräftig durchkneten und davon walnussgroße Kügelchen formen. Die werden dann in

genügend großem Abstand auf ein mit Backpapier ausgelegtes Backblech gelegt und bei 175°C (Gas, Stufe 2) 12 bis
15 Minuten gebacken. Im Anschluss aus dem Puderzucker
und dem Zitronensaft einen glatten Guss rühren. Dann
die abgekühlten Kugeln in den Guss tunken und trocknen
lassen. Den Vorgang eventuell noch einmal wiederholen.

Schon aus den ersten Jahrhunderten nach dem Tod Jesu sind Andachtsspiele rund um eine Krippe bekannt. Der genaue Ursprung der Krippe ist aber nicht sicher zu bestimmen, sondern das Produkt einer langen Entwicklung.

Nach der Überlieferung war es der heilige Franziskus, der im Jahre 1223 als Erster die Idee einer plastischen Darstellung der Weihnachtsgeschichte um Christi Geburt verwirklichte, indem er eine Weihnachtsmesse hielt, in deren Zentrum eine Krippe mit Jesuskind stand. Von der Mitte des 16. Jahrhunderts an sind Weihnachtskrippen zuerst in italienischen und spanischen, bald danach in süddeutschen Kirchen und an Fürstenhöfen nachzuweisen. Die älteste Kirchenkrippe in Deutschland ist die Domkrippe in Augsburg aus dem Jahre 1590.

Krippen finden sich in Deutschland heute in allen katholischen Kirchen. In vielen Familien, so auch am Niederrhein ist es Tradition, jedes Jahr zur Weihnachtszeit eine Krippe aufzustellen und diese auch immer wieder zu erweitern. Übrigens: Viele berühmte Krippenschnitzer, wie der niederrheinische Künstler Karl van Meegen, lebten und leben am Niederrhein.

GEISTLICHER KRIPPENBAU
NACH EINEM ALTEN BÜCHLEIN

Zu dieser Vorbereitung gedenke, o Gottliebende Seele, mit wie großer Sorgfalt du dein Haus bereiten würdest, wenn eine große, weltliche Fürstin darin wohnen wollte, mit welchem Fleiße du es zieren, schmücken und alles wegräumen würdest, was ihren Augen mißfallen könnte; wie viel größer muß unsere Sorgfalt seyn, die Königin aller Heiligen und Engel, die jungfräuliche unbefleckte Mutter unsers Erlösers in unserm Herzen aufzunehmen und würdig zu beherbergen! Darum, o Gottliebende Seele, reinige dein Herz mit allem Fleiße, und richte es ein nach der Herberge zu Bethlehem.

1. Der Stall – sei Demuth.
2. Das Kripplein – ein reines Herz.
3. Die Windeln – Armuth.
4. Heu und Stroh – Abtödtung des Leibes.
5. Der Zaun – Bewahrung der Sinne.
6. Das Kindlein – Liebe Gottes.
7. Die Mutter – Keuschheit.
8. Der heil. Joseph – Andacht.
9. Erster Engel – Liebe des Nächsten.
10. Zweiter Engel – Friede.
11. Erstes Lämmlein – Sanftmuth.
12. Zweites Lämmlein – Geduld.
13. Erster Hirt – Wachsamkeit.
14. Zweiter Hirt – Einfalt.
15. Dritter Hirt – guter Wille.
16. Oechslein – Stillschweigen.
17. Eselein – Fleiß im Gottesdienste.

DAS LEBENDIGE KRIPPENSPIEL

An den ersten drei Adventswochenenden findet vor der Kulisse des historischen Wasserschlosses Dyck die Schlossweihnacht statt. Ein besonderes Highlight des Weihnachtsmarktes ist das lebendige Krippenspiel, das kleine und große Besucher begeistert. Laienschauspieler stellen im Englischen Landschaftsgarten die Weihnachtsgeschichte in beweglichen Bildern und Szenen dar. Die Besucher begegnen nicht nur den Heiligen Drei Königen, es erscheint sogar ein Engel.

Anbetung des Jesusknaben im Stall.

WEIHNACHTEN IN KREFELD-HÜLS
AUFGEZEICHNET VON HANS KRUDEWIG, JAHRGANG 1933

Meine Eltern gingen immer in die Mitternachts-Mette. An Weihnachten waren das dann gleich drei Messen, die besucht werden mussten, die Hauptmesse und zwei stille Messen im Anschluss. Ich meine, dass die zwei stillen Messen schon gleichzeitig gehalten wurden, damit es schneller ging. Eine Messe am Hauptaltar und die andere an einem Seitenaltar.

Das Christkind – nicht der Weihnachtsmann, wie heute – kam immer in der Nacht vom 24. auf den 25., also in der Weihnachtsnacht. Das war auch klar, denn das machten die Eltern nach dem Besuch des Gottesdienstes. Sie schmückten den Weihnachtsbaum (Christbaum, wie man sagte), stellten die Krippe auf und legten die Geschenke unter den Baum. Das waren meist selbst gebastelte Sachen wie: Ein neues Kleid für die Puppe meiner Schwester, ein aus Sperrholz gebauter Kaufladen oder mal eine Puppenstube. 1941 bekam ich eine Armbanduhr – etwas ganz Besonderes.

Am 1. Weihnachtstag wurden nachmittags immer Oma, Opa sowie Tanten und Onkel väterlicherseits besucht und am 2. Weihnachtsfeiertag die Verwandten mütterlicherseits. Weihnachten war bei uns immer ein Familienfest.

WEIHNACHTS-RESTEESSEN

Ja, ist Weihnachten denn schon wieder vorbei? Das Festessen trotz größter Mühe nicht komplett runterbekommen? Ein Bein der Weihnachtsgans wollte nicht mehr ganz in den Magen wandern? Atemnot nach der vierten Portion? Einen Teil schon an den Hund und an Arbeitskollegen verfüttert und es ist immer noch etwas übrig? Wahrscheinlich hätte man alles geschafft, wenn nicht die zehn Kilo Schokolade und Lebkuchen noch hätten „vernichtet" werden müssen. Auf den folgenden Seiten finden sich zwei Vorschläge zur Verarbeitung von Weihnachtsresten.

Gefüllte Kartoffeln
(Reste von Weihnachtsbraten,
kalten Platten und Weihnachtsschinken)

Zutaten
Kartoffel
Sauerrahm
Wurst
Fleisch
Käse
Gemüse
Kräuter
Salz
Pfeffer
Muskatnuss

Für die Joghurtsoße
Joghurt
Knoblauch
Salz
Kräuter

Zubereitung
Größere Kartoffeln mit der Schale weich kochen, auskühlen lassen und halbieren. Dann die Kartoffeln vorsichtig aushöhlen, sodass neben der Schale noch ein schmaler Rest übrig bleibt.

Die ausgehöhlte Kartoffelmasse in einer Schüssel zerdrücken und mit Sauerrahm mischen.

Dann klein geschnittene Reste von Wurst oder Fleisch, klein geschnittenen Käse, Kräuter oder auch klein geschnittenes Gemüse wie Zucchini oder Lauch untermischen. Ausreichend mit Salz, Pfeffer und Muskatnuss würzen. Falls die Masse zu dick ist, ein wenig Milch zugeben.

Die gut vermischte Masse in die ausgehöhlten Kartoffeln einfüllen und im Backofen bei etwa 200°C backen.

Wer möchte, kann kurz vor Ende der Backzeit noch eine Extrascheibe Käse drauflegen. Dazu schmeckt eine Joghurtsoße: Joghurt mit Salz, Knoblauch und Kräutern mischen.

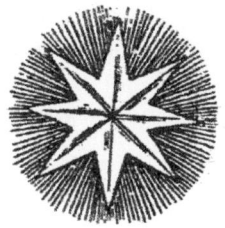

Gebackene Forellenbrote

Zutaten
geräucherte Forellenfilets
Stangenweißbrot
Kräuterbutter
Zwiebeln
Petersilie
roher Schwarzwälder Schinken in Scheiben
Meerrettich aus dem Glas
Pfeffer aus der Mühle

Zubereitung
Das Brot auf die Länge der Filets kürzen und längs durch-
schneiden. Beide Hälften mit Kräuterbutter bestreichen
und mit den Forellenfilets belegen. Wer möchte, kann
etwas Meerrettich auf den Fisch streichen. Die Zwiebeln
und die Petersilie hacken und darüber streuen. Mit etwas
frisch gemahlenem schwarzen Pfeffer würzen. Mit der
zweiten Brothälfte abdecken und beide Hälften mit dem
Schinken umwickeln. In Alufolie packen und bei 200°C
backen.

Die Nächte zwischen dem 25. Dezember und dem 6. Januar heißen Zwölfnächte. Je nach Region unterscheidet sich ihre Anzahl zwischen drei und zwölf Nächten. In manchen Gebieten beginnen die Zwölfnächte bereits schon mit der Luziennacht zum 13. Dezember oder mit der Thomasnacht zum 21. Dezember. Vier dieser Nächte sind besonders wichtig: Die Nacht der Wintersonnenwende, der Heilige Abend, die Silvesternacht und die Dreikönigsnacht. Ihre Herkunft ist in alten kalendarischen Systemen zu suchen, die alle vom Mond beeinflusst wurden. So waren am Ende des Jahres halt ein paar Tage übrig (das war schon bei den Maya so), die weder dem alten noch dem neuen Jahr zugeordnet werden konnten („Zwischen den Jahren"). Die Zwölf Nächte waren bereits bei den Germanen bekannt. In dieser Zeit steht nach altem Volksglauben das Geisterreich offen und die Seelen der Verstorbenen ziehen umher.

Die Zwölfnächte, auch Zwölfte genannt, sind identisch mit den Raunächten und waren in ländlichen Gegenden häufig mit Bräuchen und Sagen verbunden. Der Sinn so mancher abergläubischen Handlung war es, Kenntnis über das Wetter des kommenden Jahres zu erlangen. Dazu wurden beispielsweise zwölf aufgeschnittene Zwiebelhälften, für jeden Monat eine, vor das Fenster gelegt. Sammelte sich auf ihnen Wasser, wird der Monat niederschlagsreich, ein trockene Zwiebel deutet auch auf einen trockenen Monat hin. Auch wollt man (oder besser: Frau) mithilfe der Bräuche erfahren, ob und in welcher Erscheinung der Ehemann in spe daher kommen wird („Gackert der Hahn kriag ich a Mann, gackert die Henn, kriag ich kenn").

Ein vorsichtiges Klopfen an der Stalltür machte die Tiere gesprächig. Unter anderem teilten sie dann mit, wer im kommenden Jahr sterben wird (dummerweise nannten sie dann auch nicht selten den Namen des Anklopfenden!). Stellte man sich in diesen Nächten um Mitternacht an einen Kreuzweg, konnte man beobachten, wie sich der Himmel über einem öffnet, um zukünftige Ereignisse mitzuteilen. Es kam auch vor, dass der Teufel persönlich auf einem zugerast kam. Stellte man sich ihm in den Weg, fanden sich in der Tasche Bohnen, die sich alsbald in Gold verwandeln.

Man durfte in diesen Tagen auch keine weiße Wäsche draußen aufhängen. Hier könnten sich Geister, Werwölfe und Arme Seelen auf ihrer Wilden Jagd verfangen. Im Silvesterbrauchtum wird dieser Glaube – wenngleich in erster Linie aus Geselligkeit – in Form des Bleigießens bis heute weiter gepflegt. In weiteren vielfältigen Ritualen versucht man, nicht nur das Böse zu bannen, sondern auch die Zukunft vorherzusehen und zu deuten. William Shakespeare hat in seiner Komödie „Was Ihr wollt" diesen Zaubernächten ein Denkmal gesetzt. Der Originaltitel Twelfth Night ist eine Anspielung auf die Epiphaniasnacht als Abschluss der zwölf Raunächte.

Als Jesus Christus geboren wurde, herrschte zu Jerusalem König Herodes. Der hörte eines Tages, dass drei Fürsten und Weise aus dem Morgenland in Jerusalem angekommen seien und fragten: „Wo ist der neu geborene König der Juden? Wir haben seinen Stern gesehen und sind gekommen, ihn anzubeten." Herodes ergriff großer Schrecken denn in seinem Palast war kein Kind geboren worden. Er hatte Angst um seine königliche Macht. Also bat er die drei Könige ihm Bescheid zu sagen, wenn sie das Kind gefunden hätten, weil er es auch besuchen wollte. Die hatte sein Misstrauen aber bemerkt und verrieten ihm nichts. Da ließ er alle Kinder unter zwei Jahren im ganzen Land töten, damit kein anderer König heranwüchse. Joseph und Maria waren mit Jesus bereits geflohen, weil man sie vor Herodes gewarnt hatte. So entkamen sie dem grausamen Kindermord. Den Kindern, die damals völlig unschuldig getötet worden waren, gilt der Gedenktag am 28. Dezember. Obgleich die Historizität dieser Erzählung nicht belegbar ist, wird bis heute in der christlichen Tradition das Fest der Unschuldigen Kinder gefeiert.

BAUERNREGEL ZUM TAG DER UNSCHULDIGEN KINDER

- Schneit's am Unschuldigen Kindel, fährt der Januar in die Schindeln.

- Haben's die unschuldigen Kinder kalt, so weicht der Frost noch nicht so bald.

Silvester und Neujahrstag

Silvester
Karl Groenewald

„Kom Jup, spöölt op, een Koort of blekke Pann,
    Weij den gewennt, dan hit ek Bälterman.
    Pit, den het neks, bej dorteg es gepast,
    Mar met den Solo, door heij mooje Last.

    Heij geteld? Hier leggen d'r achtenfifteg,
    Nie furle – en word mar nie so gefteg.
    Reäl verspööld, dat es ook eenen Troost;
Wij mot now gääve? Erst en Schnäpske, proost!"

    Nor jeder Solo, Grang of Nullouvert
Wörd „noorgekort", et geet määj grof doorheer.
    Een Spööl no't andre, met Kontra en Re
    Van't horde Kloppe dün de Knöökels weej.

    De Frauwlüj keure en prüüve Süütjes,
    Sej schnuppe doorbej Fästdagsbeschütjes;
    Men sprekt van de Kinder, van det en dat
En dat Frauw Schmets ene „Pelz"mantel had.

Brünne Olikräpkes stoon al paroot,
Wärme Wörstkes en ook wat Ärpleschloot,
Een Kann met „Troost" steet an die Owepiep.
Doornääve leet de Kat en schlöpt so diep.

Van den Schwoonentoorn schleet et Meddernacht,
En alles het op deese Schlag gewacht.
Man gratuliert, wönst ondereen sich Glök,
En't Grammofööntje spöölt en lösteg Stök.

Dölf nemt sin Glas – „En Prööske op Nejjoor!
Op alde Frindschap – en dat Woord blieft woor:
Wän't sin mot, deile wej et leste Brood.
Treu es den Deutße, as sin Volk in Nood!"

137

Mutzenmandeln

Im Rheinland und Westfalen werden sie traditionell zu Karnevalszeit und Silvester gegessen. Eine abgewandelte Form findet sich im Bereich Düsseldorf, wo die Quarkmutze verbreitet ist.

Zutaten

100 g	Butter
75 g	Zucker
3	Eigelb
3 EL	saure Sahne
375 g	Mehl
1/2 Päckchen	Backpulver
50 g	geriebene Mandeln
1 Prise	Salz
	Butterschmalz
	Puderzucker
	Mehl zum Ausrollen
	Kardamom

Zubereitung

Zuerst wird die Butter mit dem Zucker schaumig gerührt. Dann die Eigelbe und die saure Sahne darunterheben. Das Mehl mit dem Backpulver und dem Kardamom vermischen. Anschließend mit den Mandeln, dem Salz und der schaumig gerührten Butter zu einem Mürbeteig kneten.

Den Teig dann mindestens 30 Minuten kalt stellen. Butterschmalz auf 180°C erhitzen. Übrigens: Das Fett ist heiß genug, wenn sich an einem Holzlöffel kleine Bläschen bilden. Den Mutzenteig auf etwas Mehl etwa 1 cm dick ausrollen und mit einer Mutzemandelform oder von Hand Mutzen ausstechen. Die Mutzen im heißen Butterschmalz etwa 3 bis 4 Minuten goldbraun ausbacken und dann auf einem Stück Küchenpapier abtropfen lassen. Das Gebäck noch warm in Puderzucker wenden und servieren.

BAUERNREGEL ZU SILVESTER

- Et beste Bru'et weßt onder de Witte Deck, die et alde Johr et nee owertreckt. (Silvesterschnee ist gut für die Wintersaat)

Was fange ich Silvester an?
KURT TUCHOLSKY

Was fange ich Silvester an?
Geh ich in Frack und meinen kessen
Blausanen Strümpfen zu dem Essen,
Das Herrn Generaldirektor gibt?
Wo man heut nur beim Tanzen schiebt?
Die Hausfrau dehnt sich wild im Sessel –
Der Hausherr tut das sonst bei Dressel,
Das junge Volk verdrückt sich bald.
Der Sekt ist warm. Der Kaffee kalt –
Prost Neujahr!

Ach, ich armer Mann!
Was fange ich Silvester an?
Wälz ich mich im Familienschoße?
Erst gibt es Hecht mit süßer Soße,
Dann gibt's Gelee. Dann gibt es Krach.
Der greise Männe selbst wird schwach.
Aufsteigen üble Knatschgerüche.
Der Hans knutscht Minna in der Küche.
Um zwölf steht Rührung auf der Uhr.
Die Bowle? (Leichter Mosel nur)
Prost Neujahr!

Ach, ich armer Mann!
Was fange ich Silvester an?
Mach ich ins Amüsiervergnügen?
Drück ich mich in den Stadtbahnzügen?
Schrei ich in einer schwulen Bar:
„Huch, Schneeballblüte! Prost Neujahr!"
Geh ich zur Firma Sklarz Geschwister –
Bleigießen? Ist's ein Fladen klein:
Dies wird wohl Deutschlands Zukunft sein ...
Prost Neujahr!
Helft mir armem Mann!
Was fang ich bloß Silvester an?

Bleigießen

In vielen Familien ist Bleigießen ein traditioneller Silvesterbrauch. Hierbei wird ein Stück Blei auf einen Löffel gelegt und solange über eine Kerzenflamme gehalten, bis das Blei flüssig ist. In diesem Zustand wird es in einer Schüssel mit kaltem Wasser gegossen. Anhand des erstarrten Metalls wird die Zukunft gedeutet.

Feuerwerk

Schon die Germanen kannten den Brauch, in der Silvesternacht Feuer zu entzünden. Zum Jahreswechsel vertrieben sie Dämonen und böse Geister mit Rasseln, Dreschflegel und Peitschen. Später im Mittelalter verwendeten die Menschen Pauken, Trompeten und Glockengeläut, um sich vor den bösen Geistern im neuen Jahr zu schützen. Zum Jahreswechsel um Mitternacht wird heute meist mit Feuerwerk, Böllern und Glockengeläut gefeiert und mit Sekt angestoßen. Das Feuerwerk drückt die Vorfreude auf das neue Jahr aus.

Neujahrsglücksbringer

Glücksschwein

Bereits für die germanischen Völker war der Eber ein heiliges Tier. Das Glücksschwein gilt von jeher als Fruchtbarkeitssymbol und Glücksbringer. Der Volksglaube sagt, dass man zu Neujahr einen Schweinsrüssel oder zumindest Schweinefleisch essen soll, damit man im kommenden Jahr Glück hat. Da es früher nur selten Fleisch zu essen gab, wurde, wer ein Schwein besaß, schon als reich und glücklich angesehen.

Schornsteinfeger

Früher wurden die Häuser fast ausschließlich aus Holz gebaut. Ursache für einen Brand war häufig ein schlecht oder nicht gereinigter Kamin, weil sich der angestaute Ruß schnell entzündete. Brannte ein Haus, brannte oft das halbe Dorf ab. Außerdem konnte man, wenn der Kamin verstopft war oder schlecht zog, das Essen nicht mehr zubereiten und es wurde kalt im Haus. Deshalb brachte der Schornsteinfeger einst wirklich Glück, wenn er zum Kehren ins Haus kam. Noch heute bedeutet es Glück, einem Schornsteinfeger zu begegnen. Noch mehr, wenn dabei einer seiner Knöpfe berührt werden kann.

Auch wurde dem Schornsteinfeger die Fähigkeit zugeschrieben, den Teufel selbst oder andere Geister davon zu jagen weil er aufgrund seiner schwarzen Kleidung an den Teufel erinnerte.

Seine Rolle als Glücksbringer zu Neujahr geht auch darauf zurück, dass die Schornsteinfeger traditionell zu diesem Termin ihre Jahresrechnung brachten und deshalb häufig als erste Gratulanten auftraten.

Das Hufeisen wurde zum Glücksbringer, weil es die Form des aufgehenden Mondes hat. Es muss mit der Öffnung nach unten gehalten werden, damit das Glück auslaufen kann. Hufeisen müssen gefunden werden, man darf sie nicht suchen. Sind zumindest noch drei Hufnägel daran erhalten, so bedeutet das besonderes Glück. Im Hause wird das Hufeisen meist über der Schwelle der Haustür angebracht oder aber an einer Haus-, Stall- oder Stubentür oder an einem Deckenbalken. Und dies meist am Silvesterabend, in der Johannisnacht oder am Karsamstag.

Eine andere Erklärung für die symbolische Kraft des Hufeisens liegt darin, dass das Hufeisen des Pferdes Schuh ist. Da das Pferd von jeher als Symbol für Stärke und Kraft galt, sowie ein edles und wertvolles Tier war, galt das Hufeisen, welches das Tier schützte, ebenfalls als Glücksbringer. Nachdem das Pferdebeschlagen von den Römern erfunden wurde, entwickelte sich das Hufeisen bei fast allen Völkern zu einem Glücksbringer, da es das wertvolle Pferd schützte. Besonders das Finden eines Hufeisens brachte den Bauern damals Glück.

Fliegenpilz

Als Glückspilz wird der rote Fliegenpilz angesehen. Der Volksglaube bringt den Fliegenpilz stets mit Hexen und Zauberern in Verbindung und entsprechend dem Anlass mit Vergnügen oder Abscheu, je nachdem ob ihre Dienste benötigt wurden oder ihnen erlittenes Übel zugeschrieben wurde. Wahrscheinlich trägt sein extravagantes Aussehen zu seiner Popularität als Glücksbringer bei.

Glücksklee

Von alters her gilt das vierblättrige Kleeblatt als Glückszeichen, weil es in der Natur nur sehr selten zu finden ist – genau wie das Glück. Es wird aber nur dann zum Glücksfall, wenn das Kleeblatt zufällig gefunden wurde und nicht gezüchtet ist. Der Legende nach nahm Eva ein vierblättriges Kleeblatt als Andenken aus dem Paradies mit. So heißt es, dass der Besitzer eines vierblättrigen Kleeblattes ein Stück vom Paradies besitzt. Der Glücksklee soll vor Zauber und Hexen schützen, und er soll „hellsichtig" machen, seinen Besitzer das wahre Wesen einer Sache oder Person erkennen lassen. Unter das Kopfkissen gelegt zeige es den Mädchen im Schlaf ihren Zukünftigen.

Glückspfennig (Glückscent)

Der Glückspfennig ist ein Symbol für Reichtum. Wenn man ihn verschenkt, wünscht man dem Empfänger, dass ihm niemals das Geld ausgehen möge. Der Glückspfennig war früher die kleine Version des Segen bringenden Tauftalers sowie der verschiedenen Weihpfennige und Weihgroschen, die man zum Schutz vor Hexen an Stalltüren nagelte. Außerdem wurden sie in der Hosentasche getragen, um gegen Lug und Betrug im Wirtshaus und beim Viehhandel geschützt zu sein. Das Finden eines Pfennigs bringt Glück, weil in allem Kleinen der Ursprung für etwas Großes liegt. Seit der Einführung des Euro tritt nun das 1-Cent-Stück an seine Stelle.

Marienkäfer

Der Marienkäfer wird auch Glückskäfer genannt. Als solcher ist er tätig, seit er im Mittelalter der Gottesmutter Maria geweiht wurde, von der er auch seinen Namen hat. Darum gilt der Marienkäfer als Himmelsbote der Muttergottes. Er soll die Kinder beschützen und die Kranken heilen, wenn er ihnen zufliegt. Unglück soll es hingegen bringen, wenn man dem Marienkäfer etwas antut oder ihn sogar tötet. Ist er rot, hat sieben Punkte auf seinem Rücken, soll er Hexen und Unglück bannen.

365 Tage brachte uns das alte Jahr
VERFASSER UNBEKANNT

365 Tage brachte uns das alte Jahr,
heut stellt sich die Frage,
wird's neue so wie's alte war?
Lohnt es sich darüber nachzudenken?
Grübeln über Vergangenheit?
Gott wird ein neues Jahr uns schenken.
Nehmt es doch an in Dankbarkeit!
Und was das neue Jahr auch bringt,
ein Glück, dass wir es noch nicht wissen.
Wichtig ist, dass uns gelingt,
es in Gesundheit abzuschließen.

So werd ich manchmal irre an der Stunde
GOTTFRIED KELLER

So werd ich manchmal irre an der Stunde,
An Tag und Jahr, ach, an der ganzen Zeit!
Sie gärt, sie tost, doch mitten auf dem Grunde
Ist es so still, so kalt und zugeschneit!
Habt ihr euch auf ein neues Jahr gefreut,
Die Zukunft preisend mit beredtem Munde?
Es rollt heran und schleudert weit, o weit!
Zurück euch, ihr versinkt im alten Schlunde!
O hätt den Hammer ich des starken Thor,
Auf das Jahrhundert einen Schlag zu führen,
Ich schlüg' sein morsches Zeigerblatt zu Trümmern!
Tritt denn kein Uhrenmacher kühn hervor,
Die irre Zeit mit Macht zu regulieren?
Soll sie denn ganz in Staub und Rost verkümmern?

Die besonders familiäre Atmosphäre des Pfalzdorfer Silvesterlaufs lockt alljährlich Tausende Läufer und Zuschauer an den Niederrhein. Seit mehr als zwei Jahrzehnten ist der Wettkampf im Gocher Ortsteil Pfalzdorf ein Kultlauf für die Teilnehmer und ein Volksfest für das Publikum. Kult sind auch die Motivationsstände an den Straßenrändern. Die Pfalzdorfer versorgen die Besucher mit Glühwein und sorgen für beste Stimmung. Das Organisationsteam des VfB Alemannia Pfalzdorf startet beim Silvesterlauf traditionell vier Läufe: den Fünf-Kilometer-Jedermann-Jogging-Straßenlauf, den Drei-Kilometer-Schülerlauf, den Bambini-Lauf über 500 Meter und abschließend den Zehn-Kilometer-Straßenlauf.

Wer sein Karnevalskostüm noch einmal zum Einsatz bringen will, kann das hier tun, einige Teilnehmer laufen in lustigen Kostümen. So imponieren lauffreudige Engel, Teufel, Hasen und Weihnachtsmänner mit beeindruckenden Laufzeiten.

Jahres-Ende
MARIE LUISE WEISSMANN

Du greises Jahr: du eilst, dem Ziele zu
Rascher und rascher, sehnst dich nach der Ruh
In einem tiefen grenzenlosen Tod.
Doch sieh: ich eile schneller, nach dem Rot
Des neuen Morgens gierig, dir voraus.
O komm! Hinüber geh! Lösch aus, lösch aus!
Gezeichnetes, Beladenes, befleckt
Mit großer Müdigkeit, mit Schmerz bedeckt –
Vergeh – ich werde! Stirb – und ich vermag
Aufzuerstehn: o neuer, reinster Tag!

Ein neues Jahr rückt uns entgegen
ANONYM

Ein neues Jahr rückt uns entgegen;
es bringe Dir viel Glück und Segen,
erfülle Dir die Wünsche all'
ob noch so groß sei ihre Zahl.
Die Zukunft müsst', hätt' ich zu walten,
sich Dir auf's Freundlichste gestalten.

Das Jahr ist um
ANNETTE VON DROSTE-HÜLSHOFF

Das Jahr geht um,
Der Faden rollt sich sausend ab.
Ein Stündchen noch, das letzte heut,
Und stäubend rieselt in sein Grab
Was einstens war lebend'ge Zeit.
Ich harre stumm.

's ist tiefe Nacht!
Ob wohl ein Auge offen noch?
In diesen Mauern rüttelt dein
Verrinnen, Zeit! Mir schaudert, doch
Es will die letzte Stunde sein
Einsam durchwacht.

Gesehen all,
Was ich begangen und gedacht,
Was mir aus Haupt und Herzen stieg,
Das steht nun eine ernste Wacht
Am Himmelsthor. O halber Sieg,
O schwerer Fall!

Wie rast der Wind
Am Fensterkreuze! Ja es will
Auf Sturmesfittigen das Jahr
Zerstäuben, nicht ein Schatten still
Verhauchen unterm Sternenklar.
Du Sündenkind!

War nicht ein hohl
Und heimlich Sausen jeder Tag
In der vermorschten Brust Verließ,

Wo langsam Stein an Stein zerbrach,
Wenn es den kalten Odem stieß
Vom starren Pol?

Mein Lämpchen will
Verlöschen, und begierig saugt
Der Docht den letzten Tropfen Öl.
Ist so mein Leben auch verraucht,
Eröffnet sich des Grabes Höhl
Mir schwarz und still?

Wohl in dem Kreis,
Den dieses Jahres Lauf umzieht,
Mein Leben bricht: Ich wusst es log;
Und dennoch hat dies Herz geglüht
In eitler Leidenschaften Joch,
Mir bricht der Schweiß

Der tiefsten Angst
Auf Stirn und Hand! Wie, dämmert feucht
Ein Stern dort durch die Wolken nicht?
Wär es der Liebe Stern vielleicht,
Dich scheltend mit dem trüben Licht,
Dass du so bangst?

Horch, welch Gesumm?
Und wieder? Sterbemelodie!
Die Glocke regt den ehrnen Mund.
O Herr! ich falle auf das Knie:
Sei gnädig meiner letzten Stund!
Das Jahr ist um!

Karpfen blau

Zutaten

1	ausgenommener Karpfen
1 Bund	gewürfeltes Suppengrün
1	Zwiebel
1	Lorbeerblatt
2 EL	Salz
6 EL	Essig
	Gewürznelken
	Nelkenpfeffer
	Pfeffer

Zubereitung

Vorweg: Zum Blaukochen eignen sich nur sehr frische Fische, die noch nicht lange der Luft ausgesetzt und so wenig wie möglich berührt wurden, da die Schleimschicht sehr empfindlich ist.

Das Wasser mit dem Suppengrün, dem Lorbeerblatt, Pfefferkörnern, Gewürznelken, Pimentkörnern, Zwiebel, Salz und Essig in einem großen Topf zum Kochen bringen und etwas ziehen lassen.

Jetzt den Fisch säubern, auf einem Einsatz in das kochende Wasser geben und dann kochen lassen. Den Karpfen anschließend 30 Minuten gar ziehen lassen. Der Fisch ist gar, wenn man die Rückenflosse leicht ablösen kann.

Zum Servieren den Karpfen anschließend auf einer leicht angewärmten Platte anrichten.

Dazu passen gut Rotkohl und Salzkartoffeln.

Ein Jahr ist nichts
HANNS FREIHERR VON GUMPPENBERG

Ein Jahr ist nichts, wenn man's verputzt,
ein Jahr ist viel, wenn man es nutzt.
Ein Jahr ist nichts; wenn man's verflacht;
ein Jahr war viel, wenn man es ganz durchdacht.
Ein Jahr war viel, wenn man es ganz gelebt;
in eigenem Sinn genossen und gestrebt.
Das Jahr war nichts, bei aller Freude tot,
das uns im Innern nicht ein Neues bot.
Das Jahr war viel, in allem Leide reich,
das uns getroffen mit des Geistes Streich.
Ein leeres Jahr war kurz, ein volles lang:
nur nach dem Vollen mißt des Lebens Gang,
ein leeres Jahr ist Wahn, ein volles wahr.
Sei jedem voll dies gute, neue Jahr.

Es liegt in der Natur des Menschen, jedem neuen Zeitabschnitte eine besondere Aufmerksamkeit zu widmen. Gleich dem Wanderer, der auf der Höhe eines Berges angelangt, einen Augenblick rastet, um einen Blick rückwärts nach dem zurückgelegten Pfade zu werfen, und mit einem andern, das noch vor ihm liegende Ziel zu messen – verweilt unwillkürlich der Pilger auf dem Lebenswege, wenn die letzte Stunde des Jahres in das unermessene Meer der Vergangenheit rollt, um nie wiederzukehren, und versucht es, die nie rastende Zeit zu fesseln. Stunden und Tage sah er gleichgültig vorübereilen, oft wünschte er ihren Lauf zu beflügeln, aber jetzt, wo das letzte Abendroth hinter die Berge sinkt und die letzte Jahresnacht ihren dunkeln Mantel über Erde und Himmel breitet, jetzt, ehe sich die Pforte der Vergangenheit für immer schließt, ehe er hinüber schreitet in das neue Morgenroth, steht er still und seine Blicke folgen der Scheidenden. Sind es Freuden oder Schmerzen, die so gewaltig dein Inneres bewegen? Sind es Erinnerungen oder Hoffnungen, die dich auf dem ernsten Scheidewege zwischen Vergangenheit und Zukunft wach erhalten? Wer mag es wissen, wer kennt sich selbst genug, um Rechenschaft zu geben, wenn so verschiedenartige Eindrücke, gleich feindlichen Elementen, die Saiten des Herzens berühren? Doch wäre es auch die Thräne, die wir einem verlornen Lieben nachweinen, wäre es die drückende Last eines sorgen- und schmerzenvollen Lebens, die am Schlusse des Jahres um desto schwerer wiegt, weilt auch der Blick auf eingesunkenen Gräbern: – von Osten her schreitet das Neujahr durch die goldene Pforte der Morgenröthe, frische, kühlende Lüfte legen sich auf die Brandwunden des Herzens, der lichte junge Tag zertrümmert die Nachtdecke und an seiner Hand führt er unsern treuesten, nie alternden Freund, die Hoffnung! Und so reichen sich denn die beiden Schwestern – Zukunft und

Vergangenheit – auf der Grenze, die sie scheidet, den Liebeskuß,
und Millionen Herzen fühlen den Pulsschlag, den er entzündet,
und feiern mit ihnen das Fest des jungen Jahres.

In der Neujahrsnacht
JOACHIM RINGELNATZ

*Die Kirchturmglocke
schlägt zwölfmal Bumm.
Das alte Jahr ist wieder mal um.
Die Menschen können sich in den Gassen
vor lauter Übermut gar nicht mehr fassen.
Sie singen und springen umher wie die Flöhe
und werfen die Mützen in die Höhe.
Der Schornsteinfegergeselle Schwerzlich
küsst Konditor Krause recht herzlich.
Der alte Gendarm brummt heute sogar
ein freundliches: Prosit zum neuen Jahr.*

Nicht immer war der 1. Januar der Neujahrstag. Papst Innozenz XII. legte den Neujahrstag 1691 vom 6. Januar auf den 1. Januar. Noch heute wird der 6. Januar in den Alpen als „Großes" oder „Hohes Neujahr" bezeichnet. Andere Religionen haben sogar einen beweglichen Neujahrstag. Die Juden und die Mohamedaner rechnen nach Mond-, die Iraner nach Sonnenjahren. In China beginnt das neue Jahr zwischen Ende Januar und Ende Februar.

Am Niederrhein war der Neujahrstag früher ein sogenannter Lostag, hier Lurdag (= Lauertag) genannt. Dieser Tag sagte etwas voraus. Ostwind prophezeite Viehseuchen, Westwind Sterben unter den Königen, Südwind verkündete ansteckende Krankheiten und Nordwind versprach ein fruchtbares Jahr.

Panorama Xanten

DIE BESTEN GLÜCKWÜNSCHE ZUM NEUEN JAHRE!

Neujahrsgrüße aus Xanten.

Zu Neujahr
WILHELM BUSCH

Will das Glück nach seinem Sinn
dir was Gutes schenken,
sage dank und nimm es hin
ohne viel Bedenken.
Jede Gabe sei begrüßt,
doch vor allen Dingen
Das, worum du dich bemühst
möge dir gelingen.

Neujahrsgrüße aus Duisburg, Ansichtskarte von 1898.

Neujahrslied
JOHANN PETER HEBEL

Mit der Freude zieht der Schmerz
traulich durch die Zeiten.
Schwere Stürme, milde Weste,
bange Sorgen, frohe Feste.
wandeln sich zu Zeiten.
War's nicht so im alten Jahr?
Wird's im neuen enden?
Sonnen wallen auf und nieder,
Wolken gehen und kommen wieder
und kein Mensch wird's wenden.

Beim Neujahrsgebäck handelt es sich um ein Hefegebäck, das aus Weizenmehl hergestellt wird. In früheren Zeiten wurde es „Neujährchen" genannt. Das Gebäck sollte in seiner herkömmlichen Bedeutung vor Hunger, Krankheit und Unglück schützen. Es wird in unterschiedlichen Formen gebacken und gehört deshalb zu den „Gebildbroten". Hierbei handelt es sich um Brot oder Gebäck in Form von figürlichen Darstellungen wie Bäume, Hasen, Hirsche, Schweine, Brezeln oder Zöpfe. Gebildbrot wird zu religiösen oder traditionellen Anlässen verschenkt und gegessen.

Auch das Neujahrsgebäck weist regional verschiedenartige Formen auf. Am Niederrhein werden noch heute Brezeln („dä Wängel") und spiralförmige Doppelschnecken, die Nöijjöarkes, gebacken. Beides sind alte Glückssymbole. „In aller Munde" waren auch die Joarschkökskes, in der Pfanne gebackene kleine Hefepfannkuchen mit Rosinen. Sie warteten in allen Küchen auf die Neujahrsgratulanten.

Prosit Neujahr!

EAS
0665/5

Es ist noch heute überall ein selbstverständlicher Brauch, dass man nicht in das neue Jahr schläft, sondern den ersten Glockenschlag in froher Gesellschaft erwartet. Damit verknüpfen sich natürlich einige Bräuche, aber bei der Bedeutung des Tages muss man sich eigentlich wundern, dass sich nicht mehr davon an den Neujahrstag knüpfen. Das liegt aber nicht daran, dass unsere germanischen Vorfahren den Jahreswechsel nicht etwa gefeiert hätten, sondern daran, dass sich die Relevanz der Tage verschoben hat und daran, dass sie den Jahreswechsel an einem anderen Tag feierten.

Die Bräuche, die sich bei uns an Fastnacht knüpfen, müssen wohl als die alten Gepflogenheiten zum Jahreswechsel angesehen werden. Man denke nur an das Schlagen mit der Lebensrute, das Vertreiben der bösen Geister durch Maskierungen usw. Aber nicht desto weniger soll auch das Neujahrsfest, so wie es früher und vielfach auch heute noch am Niederrhein gefeiert wird, nicht übergangen sein. Meistens wird wohl der Anbruch des neuen Jahres von allen Familienmitgliedern gemeinsam zu Hause erwartet. Heute trinkt man vielleicht Grog oder Silvesterpunsch dazu, früher – und auf dem Land oftmals noch heute – begnügt(e) man sich mit einer gut gefüllten Flasche Korn oder einem Klaren. Und dabei wird bis ins neue Jahr hineingekartet. Es wird zum Solo aufgetrumpft oder „Krüßjasse" gespielt und dabei recht häufig das Gläschen geleert.

Andere wieder treffen sich in den Dorfkneipen zum Karten oder zur Neujahrsverlosung. Meistens kann man Hasen, oft auch Geflügel, Wein, Wurst usw. gewinnen. Zur Verlosung werden die Karten eines Kartenspieles verkauft. Die des Gegenspiels ruft danach einer aus, bis noch etwa zehn Karten im Spiel sind. Unter diesen stecken die Gewinne. Jetzt beginnt das Handeln, d.h. die Spieler, die noch Karten haben, können diese verhandeln. Je weniger Karten im Spiel verbleiben, umso teurer werden sie, bis auf die Schlusskarten, je nach Zahl der Preise, die Gewinne fallen. So wird bei allerlei Allotria „dat alde Jôôr kapot gemakt".

Beim Glockenschlag zwölf, wenn die Kirchenglocken das neue Jahr einläuten, dann wird gegenseitig das Neujahr „abgewonnen". Prost Nejjôôr! – Glöcksôôleg Nejjôôr! Wenn einer dem anderen zuvor gekommen ist, dann hört man: Dat häj gewonne. – Die Gläschen werden mit dem Wunsch für ein glückliches neues Jahr geleert, der Wirt gibt eine Runde. Dazwischen knallen die Neujahrsschüsse, heute meistens die Böller oder „Katteköpp", wie jedes Dorf welche hat.

Früher war es der Stolz der Burschen, aus uralten Gewehren, aus Vorderladerpistolen, möglichst viel Schwarzpulver zu verknallen. Die Behörde verbot schließlich die Knallerei. Aber da wusste der Dorfmetzger Rat. Seine Schweinsblasen, die man aufblies und durch einen kräftigen Schlag zum Platzen brachte, ersetzten den schönsten „Kattekoop".

Während die Alten dem Kartenspiel oblagen und die Jungen ihr Vergnügen in der Knallerei fanden, hatte die Mutter mit den Töchtern am Silvesterabend zu tun, die Neujahrsbällchen in Öl zu backen. Daher der Neujahrsruf „Proost Nejjôôr, die Kükskes sin gôôr!"

Danach stießen auch die Frauen mit den Kartenspielern an. In der Runde saß man noch länger zusammen und freute sich des neuen Jahres. Immer wurde geprostet mit den Worten „Prost Nejjôôr!" Diese oder jene ulkigen Zusatzreime wurden dem Wunsch häufig angefügt. So:

Proost Nejjôôr,
die Kükskes sin gôôr,
der Schnaps es klôôr,
en Jan es dôôr.

Oder:

Proost Nejjôôr,
trekt de Kat bei de Hôôr,
en de Hond bej de Stort,
dan loope se' allebeij êêven hord.

Sogar folgende wenig schöne Wünsche wurden meist (!) nicht übel
genommen:

Proost Nejjôôr,
den Pokkel vol Sauhôôr,
den Kop vol Grind,
alle Jöör twee Kind.

Oder:

Proost Nejjôôr,
den Kop vol Hôôr,
den Näk vol Neete,
kö'j van Nacht gut schweete.

Die runden Ölbällchen, aus besserem Teig mit Eiern und Korinthen gebacken, bekannt als Nejjörkes, Nejjôôrkükskes oder Bol-
lebeujskes, sind auch heute noch am unteren Niederrhein die
Neujahrsgabe, die dann jedem Besucher und Gratulanten vorge-
setzt wird. Dabei trinkt man ein Gläschen Korn oder einen Bêês.
   Auf dem Land zeigt sich beim Jahreswechsel häufig noch recht
schön die Verbundenheit mit der Nachbarschaft. Es besuchen und
beglückwünschen sich die Nachbarn gegenseitig und besiegeln
damit aufs Neue die Verbundenheit in treuer Gemeinschaft. Nicht
jeder kommt mit dem Beglückwünschen schnell genug reihum.
Bis Dreikönige gilt die Zeit, „da es et noch in den tid vör Nejjôôr

te wöntse." Man sagt dann: „Wij gratuliert in de Oktav, den es ok noch brav."

Aber auch die Kinder kommen zum Jahreswechsel auf ihre Kosten. Mit dem früher in der Schule geschriebenen Neujahrsbrief entbieten sie Eltern und Paten den Neujahrswunsch. Dann gibt es einen Neujahrsgroschen für die Sparbüchse. Beim Abgewinnen des Neujahrs in der Nachbarschaft werden Neujahrsküchlein, auch wohl Nüsse und Äpfel zusammengeschnorrt.

Werden heute vielfach die kleinen Glückwunschkärtchen zum Neujahr versandt, so waren bis vor einigen Jahrzehnten die großen, teuren Papierklappkarten gebräuchlich. Aufgeklappt stellten diese Tauben, Blumensträuße, Mühlen und dergleichen dar. Besonders gern verschickten sie Knechte und Mägde. So mancher versuchte, mit einer großen Klappkarte seine besondere Zuneigung an diesem Tage zu bekunden.

NEUJAHRSBRIEF DES ELFJÄHRIGEN HEINRICH POELL AUS ALDEKERK AN SEINE ELTERN

Aldekerk, den 1. Januar 1893

Liebe Eltern!

Heil, Glück und Segen zum neuen Jahre!
Mit diesem Wunsche trete ich heute, innigstgeliebte Eltern, vor
Sie hin um Ihnen zunächst zu danken für die unzähligen Wohltaten, welche ich auch wiederum im verflossenen Jahre von Ihnen
erhalten habe. Nächst dem lieben Gott verdanke ich Ihnen alles.
Wie viele Sorgen und Beschwerden haben Sie um mich gehabt.
Sie schickten mich in die Schule damit ich alle die Kenntnisse
und Fähigkeiten lerne, welche für dies irdische Leben erforder-
lich sind; auch zum christlichen Unterricht, um die Religion
kennen zu lernen. An diesem ersten Tage des neuen Jahres gebe
ich Ihnen aber auch das Versprechen, täglich für Euch zu beten,
daß Gott Euch belohnen und segnen möge. Ich will alles thun,
was in meinen Kräften steht um Ihnen im neubegonnenen Jahre
durch Folgsamkeit, Fleiß und gutes Betragen recht viele Freude
zu bereiten.

Euer dankbarer Sohn Heinrich

DAS „VEROSCHE" ODER „VROOSCHE"

„Verasse" bedeutet im Niederländischen überraschen, im Sinne des „Zuvorkommens". Die Idee hierbei war, am Neujahrsmorgen als Erster die Familienmitglieder und Nachbarn te veroasche, diese also mit einem Neujahrsgruß zu überraschen. Das passierte unter dem Einsatz diverser Tricks. So schlich man sich heimlich ins Zimmer oder versteckte sich hinter Türen und Schränken, um dann die Anwesenden oder Eintretenden mit dem Glückwunsch „Glückselig Neujahr" zu überrumpeln. „Dat häste gewonne!" war die Antwort des Überraschten. Vor allem für die Kinder war das ein Riesenspaß. Sie bekamen dann eine Brezel, Neüöhrke genannt, oder einen Groschen für die Spardose.

Der Brauch des verosche joen wird teilweise noch heute am Niederrhein praktiziert. Am Neujahrstag, aber auch nach dem 1. Januar machen sich die Erwachsenen zum „Verosche" oder „Vroosche" auf den Weg zu Freunden, Nachbarn und Verwandten. Der Besuch wird dann mit dem „Joerschdröpken", also dem Neujahrströpfchen belohnt.

Quark-Apfel-Püfferchen

Die einen nennen sie Krapfen, die anderen Püfferchen, in Krefeld-Hüls sind es „de Püfferkes". Doch eines haben sie alle gemeinsam – sie sind kulinarische Begleiter in das neue Jahr. Am Niederrhein werden sie traditionell schon gleich in größeren Mengen hergestellt, damit auch genug für die Nachbarn dabei ist, wenn sie zum Anstoßen vorbeikommen. Zwischen einem Bier und einem Schnaps ist immer Platz für ein Püfferchen.

Zutaten:

3	Eier
3 EL	Zucker
1 Päckchen	Vanillezucker
250 g	Sahnequark
250 g	Mehl
1/2 Päckchen	Backpulver
2	Äpfel (oder 100 g Rosinen)
	Zucker und Zimt, gemischt
	Fett zum Ausbacken

Zubereitung:
Die Eier, Zucker und Vanillezucker mit dem Quark schaumig schlagen. Das Mehl mit dem Backpulver vermischen, anschließend unter den Ei-Quark-Schaum rühren. Die beiden Äpfel schälen, fein raspeln und unter den Teig heben (oder die Rosinen beimischen).

Das Fett in einem großen Topf erhitzen. Mit einem Teelöffel kleine Portionen vom Teig abstechen und ins Fett geben. Von allen Seiten goldbraun braten. Danach die Püfferchen mit einem Schaumlöffel herausnehmen und auf Küchenkrepp abtropfen lassen. Zum Schluss in der Zucker-Zimt-Mischung wälzen.

BAUERNREGELN FÜR DEN JANUAR

- Driekönnige begennen de Daeg te länge, äwwel ok te strenge.

- Der Januar muss krachen, soll der Frühling lachen.

- Sind im Januar die Flüsse klein, gibt's im Herbst einen guten Wein.

- Januar warm – dass Gott erbarm.

- Januar muss vor Kälte knacken, wenn die Ernte gut soll sacken.

- Januarnebel – Märzenschnee.

Mein Neujahrswunsch
KARL FRIEDRICH HENCKELL

Was ich erwarte vom neuen Jahre?
Dass ich die Wurzel der Kraft mir wahre,
Festzustehen im Grund der Erden,
Nicht zu lockern und morsch zu werden,
Mit den frisch ergrünenden Blättern
Wieder zu trotzen Wind und Wettern,
Mag es ächzen und mag es krachen,
Dunkel zu rauschen, hell zu lachen
Und im flutenden Sonnenschein
Freunden ein Baum des Lebens zu sein.

Der Dreikönigstag am 6. Januar

DIE HEILIGEN DREI KÖNIGE

Der Begriff „Heilige Drei Könige" stammt aus der Weihnachts-geschichte des Matthäus-Evangeliums. In der Geschichte sind die Heiligen Drei Könige die Weisen aus dem Morgenland. Sie wur-den durch den Stern von Betlehem zu Jesus geführt.

Im Neuen Testament werden sie nicht als „Könige" bezeichnet, auch gibt es keine Angabe über ihre Anzahl. Auf alten Gemälden sind mal vier, manchmal auch nur zwei Personen zu sehen. Die Angaben über die Männer entstammen einer umfangreichen Legendenbildung. Die in der Westkirche verbreiteten Namen Caspar, Melchior und Balthasar werden erst sehr viel später in Erzählungen des 6. Jahrhunderts erstmals erwähnt. Immer wur-den sie als weise Männer, aber auch als Magier bezeichnet. In den christlichen Ländern wurde später angenommen, die drei Männer seien Könige gewesen, die man als Vertreter der Erdteile Europa, Asien und Afrika ansah. Seit der Zeit wurden sie auch die „Heili-gen Drei Könige" genannt. In der katholischen Kirche werden die drei Könige als Heilige verehrt. Ihr Hochfest in der katholischen Liturgie ist das Fest der Erscheinung des Herrn bzw. Epiphanie oder Epiphanias, das am 6. Januar gefeiert wird. Im Volk wurde es zu „Dreikönige". Auch in den evangelischen Kirchen wird an Epiphanias der Weisen gedacht.

Die drei Könige

VERFASSER UNBEKANNT

Es führt drei König Gottes Hand
mit seinem Stern aus Morgenland
zum Christkind durch Jerusalem,
in einen Stall nach Bethlehem.
Gott, führ uns auch zu diesem Kind
und mach uns zu seinem Hofgesind.

Der Stern war groß und wunderschön,
im Stern ein Kind mit einer Kron,
ein gülden Kreuz sein Zepter war,
und alles wie die Sonne klar.
O Gott, erleucht' vom Himmel fern
die ganze Welt mit diesem Stern.

Aus Morgenland in aller Eil',
kaum dreizehn Tag, viel hundert Meil',
bergauf, bergab durch Reif und Schnee
Gott suchten sie durch Meer und See.
Zu dir, o Gott, kein' Pilgerfahrt, noch Weg,
noch Steg lass werden hart.

Herodes, sie kein' Uhr noch Stund'
in seinem Hof aufhalten kunnt.
Des Königs Hof sie lassen steh'n;
geschwind, geschwind zur Krippe geh'n!
Gott, lass' uns auch nichts halten ab
vom guten Weg bis zu dem Grab!

Sobald sie kamen zu dem Stall,
auf ihre Knie sie fielen all,
dem Kind sie brachten alle drei
Gold, Weihrauch, Myrrhen, Spezerei.
O Gott, nimm auch von uns für gut
Herz, Leib und Seel, Gut, Ehr und Blut!

Maria hieß sie willkommen fein,
legt ihnen ihr Kind ins Herz hinein:
das war ihre Zehrung auf dem Weg
und frei Geleit durch Weg und Steg.
Gott, geb' uns auch das Himmelsbrot
am letzten Zug, zur letzten Not!

Am 6. Januar, dem Dreikönigstag, sang man früher im Gelderland einen Vers, der auch in Flandern bekannt war:

Dreikönigen, Dreikönigen!
Kopt mech eenen neuen Hoot (Hut)!
Den olden es verschleeten,
Vader dörft et neet weeten,
Mooder hät gen Geld.
Es dat neet schlejt bestellt?

◄ *Die drei Weisen aus dem Morgenland.*

Wir Heilige Drei Könige
VOLKSGUT

Wir Heiligen Drei König', wir kommen von fern,
wir suchen den Heiland, den göttlichen Herrn.

⁓

Da stehet vor uns ein hell leuchtender Stern,
er winkt uns gar freundlich, wir folgen ihm gern.

⁓

Er führt uns vorüber vorm Herodes sei'm Haus,
da schauet der falsch' König beim Fenster heraus.

⁓

Er winkt uns so freundlich: „O kommt doch herein,
ich will euch aufwarten mit Kuchen und Wein."

⁓

„Wir können nicht weilen, wir müssen gleich fort,
wir müssen uns eilen nach Bethlehem Ort.

⁓

Es ward uns durch Gottheit die Kunde zuteil,
dass ein Kind geboren, das der Welt bringt das Heil."

⁓

Wir kommen im Stall an, finden das Kind,
viel schöner und holder, als Engel es sind.

⁓

Wir knien uns nieder und beten es an,
o Herr, nimm die Gabe aus Dankbarkeit an:

⁓

Gold, Weihrauch und Myrrhen, das reichen wir dir,
führ du uns dann einstens in'n Himmel von hier!

Die Heil'gen Drei Könige
HEINRICH HEINE

Die heil'gen Drei Könige aus dem Morgenland,
sie fragen in jedem Städtchen:
„Wo geht der Weg nach Bethlehem,
ihr lieben Buben und Mädchen?"

Die Jungen und Alten, sie wussten es nicht,
die Könige zogen weiter,
sie folgten einem goldenen Stern,
der leuchtete lieblich und heiter.

Der Stern bleibt steh'n über Josefs Haus,
da sind sie hineingegangen;
das Öchslein brüllt, das Kindlein schrie,
die Heil'gen Drei Könige sangen.

Außer Caspar, Melchior und Balthasar war auch ein vierter König aus dem Morgenland aufgebrochen, um dem Stern zu folgen, der ihn zu dem göttlichen Kind führen sollte. Dieser vierte König hieß Coredan. Drei wertvolle rote Edelsteine hatte er zu sich gesteckt und mit den drei anderen Königen einen Treffpunkt vereinbar. Doch Coredans Reittier lahmte unterwegs. Er kam nur langsam voran, und als er bei der hohen Palme eintraf, war er allein. Nur eine kurze Botschaft, in den Stamm des Baumes eingeritzt, sagte ihm, dass die anderen drei ihn in Bethlehem erwarten würden.

Coredan ritt weiter ganz in seinen Wunschtraum versunken. Plötzlich entdeckte er am Wegrand ein Kind, bitterlich weinend und aus mehreren Wunden blutend. Voll Mitleid nahm der das Kind auf sein Pferd und ritt in das Dorf zurück, durch das er zuletzt gekommen war. Er fand eine Frau, die das Kind in Pflege nahm. Aus seinem Gürtel nahm er einen Edelstein und vermachte ihn dem Kind, damit sein Leben gesichert sei.

Doch dann ritt er weiter, seinen Freunden nach. Er fragte die Menschen nach dem Weg, denn den Stern hatte er verloren. Eines Tages erblickte er den Stern wieder, eilte ihm nach und wurde von ihm durch eine Stadt geführt. Ein Leichenzug begegnete ihm. Hinter dem Sarg schritt eine verzweifelte Frau mit ihren Kindern. Coredan sah sofort, dass nicht allein die Trauer um den Toten diesen Schmerz hervorrief. Der Mann und Vater wurde zu Grabe getragen. Die Familie war in Schulden geraten, und vom Grabe weg sollten die Frau und die Kinder als Sklaven verkauft werden.

Coredan nahm den zweiten Edelstein aus seinem Gürtel, der eigentlich dem neugeborenen König zugedacht war. „Bezahlt, was ihr schuldig seid, kauft euch Haus und Hof und Land, damit ihr eine Heimat habt." Er wendete sein Pferd und wollte dem Stern entgegen reiten, doch dieser war erloschen. Sehnsucht nach dem göttlichen Kind und tiefe Traurigkeit überfielen ihn. War er seiner Berufung untreu geworden? Würde er sein Ziel nie erreichen?

Eines Tages leuchtete ihm sein Stern wieder auf und führte ihn durch ein fremdes Land, in dem Krieg wütete. In einem Dorf hatten Soldaten die Bauern zusammengetrieben, um sie grausam zu töten. Die Frauen schrien und Kinder wimmerten. Grauen packte den König Coredan, Zweifel stieg in ihm auf. Er besaß nur noch einen Edelstein, sollte er denn mit leeren Händen vor dem König der Menschen erscheinen?

Doch dies Elend war so groß, dass er nicht lange zögerte, mit zitternden Händen seinen letzten Edelstein hervorholte und damit die Männer und das Dorf vor der Verwüstung loskaufte. Müde und traurig ritt Coredan weiter. Sein Stern leuchtete nicht mehr. Jahrelang wanderte er. Zuletzt zu Fuß, da er auch sein Pferd verschenkt hatte. Schließlich bettelte er, half hier einem Schwachen, pflegte dort Kranke; keine Not blieb ihm fremd. Und eines Tages kam er am Hafen einer großen Stadt gerade dazu, als ein Vater seiner Familie entrissen und auf ein Sträflingsschiff, eine Galeere, verschleppt werden sollte. Coredan flehte um den armen Menschen und bot sich dann selbst an, anstelle des Unglücklichen als Galeerensklave zu arbeiten.

Sein Stolz bäumte sich auf, als er in Ketten gelegt wurde. Jahre vergingen. Er vergaß, sie zu zählen. Grau war sein Haar, müde sein zerschundener Körper geworden. Doch irgendwann leuchtete sein Stern wieder. Und was er nie zu hoffen gewagt hatte, geschah. Man schenkte ihm die Freiheit wieder; an einer fremden Küste wurde er an Land gelassen. In dieser Nacht träumte er von seinem Stern, träumte von seiner Jugend, als er aufgebrochen war, um den König aller Menschen zu finden. Eine Stimme rief ihn: „Eile, eile!" Sofort brach er auf, er kam an die Tore einer großen Stadt. Aufgeregte Gruppen von Menschen zogen ihn mit, hinaus vor die Mauern. Angst schnürte ihm die Brust zusammen. Einen Hügel schritt er hinauf. Oben ragten drei Kreuze.

Coredans Stern, der ihn einst zu dem Kind führen sollte, blieb über dem Kreuz in der Mitte stehen, leuchtete noch einmal auf und war dann erloschen. Ein Blitzstrahl warf den müden Greis zu Boden. „So muss ich also sterben", flüsterte er in jäher Todesangst, „sterben, ohne dich gesehen zu haben? So bin ich umsonst durch die Städte und Dörfer gewandert wie ein Pilger, um dich zu finden, Herr?" Seine Augen schlossen sich. Die Sinne schwanden ihm. Da aber traf ihn der Blick des Menschen am Kreuz, ein unsagbarer Blick der Liebe und Güte. Vom Kreuz herab sprach die Stimme: „Coredan, du hast mich getröstet, als ich jammerte, und gerettet, als ich in Lebensgefahr war; du hast mich gekleidet, als ich nackt war!"

Ein Schrei durchbebte die Luft, der Mann am Kreuze neigte das Haupt und Coredan erkannte mit einem Mal: Dieser Mensch ist der König der Welt. Ihn habe ich gesucht in all den Jahren. Er hatte ihn nicht vergebens gesucht; er hatte ihn doch gefunden.

Die vornehmen Leute aus dem Osten hatten den Stall und die Krippe noch nicht lange verlassen, da trug sich eine seltsame Geschichte in Betlehem zu, die in keinem Buch verzeichnet ist. Als die Reitergruppe der Könige gerade am Horizont verschwand, näherten sich drei merkwürdige Gestalten dem Stall. Die erste trug ein buntes Flickenkleid. Zwar war sie wie ein Spaßmacher geschminkt, wirkte aber hinter ihrer lustigen Maske eigentlich sehr, sehr traurig. Erst als sie das Kind sah, huschte ein leises Lächeln über ihr Gesicht. Vorsichtig trat sie an die Krippe heran und strich dem Kind zärtlich über das Gesicht: „Ich bin die Lebensfreude" sagte sie. „Ich komme zu dir, weil die Menschen nichts mehr zu lachen haben. Sie haben keine Freude mehr am Leben. Alles ist so bitterernst geworden." Dann zog sie ihr Flickengewand aus und deckte das Kind damit zu. „Es ist kalt in dieser Welt. Vielleicht kann dich der Mantel des Clowns wärmen und schützen."

Darauf trat die zweite Gestalt vor. Wer genau hinsah, bemerkte ihren gehetzten Blick und spürte, wie sehr sie in Eile war. Als sie aber vor das Kind in der Krippe trat, schien es, als falle alle Hast und Hektik von ihr ab. „Ich bin die Zeit", sagte sie und strich dem Kind zärtlich über das Gesicht. „Eigentlich gibt es mich kaum noch. Die Zeit, sagt man, vergeht wie im Flug. Darüber haben die Menschen aber ein großes Geheimnis vergessen. Die Zeit vergeht nicht. Zeit entsteht. Sie wächst überall dort, wo man sie teilt." Dann griff die Gestalt in ihren Mantel und legte ein Stundenglas in die Krippe. „Man hat wenig Zeit in dieser Welt. Diese Sanduhr schenke ich dir, weil es noch nicht zu spät ist. Sie soll dir ein Zeichen dafür sein, dass du immer so viel Zeit hast, wie du dir nimmst und anderen schenkst."

Dann kam die dritte Gestalt an die Reihe. Sie hatte ein geschundenes Gesicht voller dicker Narben, so als ob sie immer und immer wieder geschlagen worden wäre. Als sie aber vor das Kind in der Krippe trat, war es als heilten die Wunden und Verletzungen, die ihr das Leben zugefügt haben musste. „Ich bin die Liebe", sagte die Gestalt und strich dem Kind zärtlich über das Gesicht. „Es heißt, ich sei viel zu gut für diese Welt. Deshalb tritt man mich mit Füßen und macht mich fertig." Während die Liebe so sprach, musste sie weinen und drei dicke Tränen tropften auf das Kind. „Wer liebt, hat viel zu leiden in dieser Welt. Nimm meine Tränen. Sie sind das Wasser, das den Stein schleift. Sie sind wie der Regen, der den verkrusteten Boden wieder fruchtbar macht und selbst die Wüste zum Blühen bringt." Und die Tränen verwandelten sich in drei wunderschöne blühende rosa Rosen.

Da knieten die Lebensfreude, die Zeit und die Liebe vor dem Kind des Himmels. Drei merkwürdige Gäste, die dem Kind ihre Gaben gebracht hatten. Das Kind aber schaute die drei an, als ob es sie verstanden hätte.

Plötzlich drehte sich die Liebe um und sprach zu den Menschen. „Man wird dieses Kind zum Narren machen, man wird es um seine Lebenszeit bringen und es wird viel leiden müssen, weil es bedingungslos lieben wird. Aber weil es Ernst macht mit der Freude und weil es seine Zeit und seine Liebe verschwendet, wird die Welt nie mehr so wie früher sein. Wegen dieses Kindes steht die Welt unter einem neuen guten Stern, der alles andere in den Schatten stellt."

Darauf standen die drei Gestalten auf und verließen den Ort. Die Menschen aber, die all das miterlebt hatten, dachten noch lange über diese rätselhaften Worte nach.

Auch unser Leben und unsere Zeit stehen seit der Geburt Jesu unter einem neuen guten Stern, der alles Dunkle hell macht und alle Verletzungen heilt. Das ist die große Freude, die allem Volk zuteil wird, auch mir und dir.

Nur ein Strohhalm
Frei wiedergegeben nach einer Erzählung aus Mexiko

Die Hirten sind gekommen und dann wieder gegangen. Vielleicht haben sie damals Geschenke mitgebracht, aber gegangen sind sie mit leeren Händen. Ich kann mir aber vorstellen, dass vielleicht ein Hirte, ein ganz junger, doch etwas mitgenommen hat von der Krippe. Ganz fest in der Hand hat er es gehalten.

Die anderen haben es erst gar nicht bemerkt. Bis auf einmal einer sagte: „Was hast du den da in der Hand?"

„Einen Strohhalm", sagte er. „Einen Strohhalm aus der Krippe, in der das Kind gelegen hat."

„Einen Strohhalm!", sagten die anderen und lachten, „das ist ja Abfall! Wirf das Zeug weg."

Aber er schüttelte nur den Kopf. „Nein", sagte er „den behalte ich, für mich ist er ein Zeichen, ein Zeichen für das Kind. Jedes Mal wenn ich diesen Strohhalm in der Hand halte, dann werde ich mich an das Kind erinnern und daran, was die Engel von ihm gesagt haben."

Und wie ist das mit dem kleinen Hirten weitergegangen?

Am nächsten Tag, da fragten die Hirten ihn: „Und, hast du den Strohhalm immer noch? Ja? Wirf ihn weg, das ist doch wertloses Zeug!"

Er antwortete: „Nein das ist nicht wertlos. Das Kind Gottes hat darauf gelegen."

„Ja und", sagten die anderen erneut lachend, „das Kind ist wertvoll, aber nicht das Stroh."

„Ihr habt unrecht", sagte der kleine Hirte, „das Stroh ist schon wertvoll. Worauf hätte das Kind denn sonst liegen sollen, arm, wie es ist? Nein, mir zeigt es, dass Gott das Kleine braucht, das Wertlose. Ja, Gott braucht die Kleinen. Die nicht viel können, die nichts wert sind." Ja, der Strohhalm aus der Krippe war dem Kleinen wichtig. Wieder und wieder nahm er ihn in die Hand, dachte an die Worte der Engel, freute sich darüber, dass Gott die Menschen so lieb hat, dass er klein wurde wie sie.

Eines Tages nahm ihm aber einer der anderen den Strohhalm weg und sagte wütend: „Du mit deinem Stroh. Du machst mich noch ganz verrückt." Und er zerknickte den Halm wieder und wieder und warf ihn zur Erde.

Der kleine Hirte stand ganz ruhig auf, strich ihn wieder glatt und sagte zu den anderen: „Sie doch, er ist geblieben, was er war. Ein Strohhalm. Deine ganze Wut hat daran nichts ändern können. Sicher, es ist leicht, einen Strohhalm zu knicken, und du denkst: ‚Was ist schon ein Kind, wo wir einen starken Helfer brauchen'. Aber ich sage dir: Aus diesem Kind wird ein Mann und der wird nicht totzukriegen sein. Er wird die Wut der Menschen aushalten, ertragen und bleiben, was er ist – Gottes Retter für uns. Denn Gottes Liebe ist nicht kleinzukriegen.

BRÄUCHE RUND UM DEN DREIKÖNIGSTAG

Viele der Bräuche um das Dreikönigsfest sind leider nach und nach verloren gegangen. Am Anfang waren sie eng mit den Neujahrsbräuchen verbunden. Ein häufig praktizierter Brauch war die „Anrufung der Könige". Mit ihm versprach man sich einen Abwehrsegen gegen alles Unheil für Haus und Hof im kommenden Jahr. Zur Unterstützung der Fürbitte schrieb man die Anfangsbuchstaben der Königsnamen auf die Türbalken. In manchen Regionen wurden Haus und Stall mit Weihrauch ausgeräuchert und mit Dreikönigswasser besprengt.

In Italien werden die Kinder nicht an Weihnachten, sondern am Dreikönigstag von der guten Fee Befana beschenkt.

Eine schöne Tradition in einigen Regionen Frankreichs und der Schweiz ist der Brauch des „Bohnenkönigs". Eine Bohne, Mandel oder Trockenpflaume wird in einen Kuchen eingebacken. Derjenige, in dessen Stück Kuchen sich das Teil befindet, ist König und darf an diesem Tag die Familie „regieren".

Epiphaniasfest
JOHANN WOLFGANG VON GOETHE

Die heil'gen drei König' mit ihrem Stern,
Sie essen, sie trinken, und bezahlen nicht gern;
Sie essen gern, sie trinken gern,
Sie essen, trinken und bezahlen nicht gern.

Die heil'gen drei König' sind gekommen allhier,
Es sind ihrer drei und sind nicht ihrer vier;
Und wenn zu dreien der vierte wär',
So wär' ein heil'ger drei König mehr.

Ich erster bin, der weiß' und auch der schön',
Bei Tage solltet ihr erst mich sehn!
Doch ach, mit allen Spezerein
Werd' ich sein Tag kein Mädchen mir erfrein.

Ich aber bin der braun' und bin der lang',
Bekannt bei Weibern wohl und bei Gesang.
Ich bringe Gold statt Spezerein,
Da werd' ich überall willkommen sein.

Ich endlich bin der schwarz' und bin der klein'
Und mag auch wohl einmal recht lustig sein.
Ich esse gern, ich trinke gern,
Ich esse, trinke und bedanke mich gern.

Die heil'gen drei König' sind wohlgesinnt,
Sie suchen die Mutter und das Kind;
Der Joseph fromm sitzt auch dabei,
Der Ochs und Esel liegen auf der Streu.

Wir bringen Myrrhen, wir bringen Gold,
Dem Weihrauch sind die Damen hold;
Und haben wir Wein von gutem Gewächs,
So trinken wir drei so gut als ihrer sechs.

Da wir nun hier schöne Herrn und Fraun,
Aber keine Ochsen und Esel schaun;
So sind wir nicht am rechten Ort
Und ziehen unseres Weges weiter fort.

Die heiligen drei Könige mit ihrem Stern,
sie essen, sie trinken und zahlen nicht gern.

Literaturnachweis

Birgit Böhm (Frischekontor Duisburg): Der Duisburger Weihnachtsmarkt

Christkindlmarkt e.V., Mönchengladbach (www. christkindlmarkt-mg.de)

Damen Conversations Lexikon, Bd. 7, Leipzig 1836

Edith Demmer: Adventsfenster in Monheim

Bruno Dreßen/ Martin Wehmeyer: Wintermärchen in Mönchengladbach

www.goethezeitportal.de:
- Das Weihnachtsfest;
- Traudels Brief an den Weihnachtsmann;
- Brief an den Weihnachtsmann

Jupp Güldenbog: Ein Haus als Adventskalender

Walter Hoffmann (Gemeinde Bedburg-Hau): Kunsthandwerker-Weihnachtsmarkt Schloss Moyland

Dr. Rainer Killich (Verkehrsverein Kevelaer): Der Kevelaerer Krippenmarkt

Helmut Kommans (Interessengemeinschaft Historischer Schienenverkehr e.V.): Nikolausfahrten mit der Selfkantbahn

Hans Krudewig: Weihnachten in Krefeld-Hüls

Wolfgang Lensing (Volksbank Schermbeck eG): Schöne alte Weihnachtszeit in Schermbeck

Lieder und Sprüche aus dem Leben und Brauchtum am Niederrhein, Boss Verlag Kleve 1938:
- Nikolausfest in den 1930er-Jahren;
- Neujahrsrückblicke in den 1930er-Jahren

Nina Multhoff (Stadtmartketing Krefeld): Der Krefelder Weihnachtsmarkt

Niederrheinische Mundart, Gedichte, Vertällsels en Spröök von Karl Groenewald, Boss Verlag Kleve 1983:

- Silvester;
- Hellege Nacht

Alfred Opel: Weihnachtliches Turmblasen in Xanten

Ute Schulze-Heiming (Kleve Marketing GmbH & Co. KG): Weihnachtsmarkt Kleve in den historischen Parkanlagen

Peter Völker: Wat sol ek mich wönsche?

Peter Völker: Alle Jahre wieder

Bildnachweis

Birgit Böhm (Frischekontor Duisburg): S. 24
Ralph Braun: S. 35
Susanne Dobler: S. 28
Bruno Dreßen; Martin Wehmeyer: S. 27
Helga Distel: S. 38
www.goethezeitportal.de: S. 51, 78, 79, 127, 160, 165
Karin Gutzmann: S. 72
Markus Kaiser: S. 40
Wolfgang Lensing (Volksbank Schermbeck): S. 32
Franz Ludenberg: S. 105
Nina Multhoff, Stadt Krefeld (Stadtmarketing): S. 21, 22
Ute Schulze-Heiming (Kleve Marketing GmbH & Co. KG): S. 30
Reinhold Stausberg: S. 157
Sutton Verlag: S. 4, 14, 43, 54, 111, 114, 117, 123, 125, 158, 188
Verkehrsverein Kevelaer und Umgebung e.V.: S. 34
Alle anderen Abbildungen stammen aus dem Archiv der Verfasser.

Glücklich am Niederrhein

*Maf Räderscheidt und
Stephan Everling*

978-3-86680-930-7

5,99 €

Lebendiger Niederrhein
Unterwegs zwischen
Duisburg und Emmerich

Werner Böcking

978-3-95400-312-9

19,95 €

Von Köln zum Meer
Schifffahrt auf dem
Niederrhein

Werner Böcking

978-3-89702-620-9

17,90 €

Weitere Bücher aus Ihrer Region finden Sie unter:
www.suttonverlag.de